新能源汽车底盘构造与检修

主　编　张匡闽　马立峰　蒋沛成
副主编　韦德文　朱燕雯　卓小能
参　编　黄　敏　杨　艳　张武杰　何允萍
　　　　祁美娜　谢越峰　冉光迅　邱振超
　　　　李柳妮
主　审　王洪广

电子工业出版社
Publishing House of Electronics Industry
北京·BEIJING

内 容 简 介

本书以新能源汽车东风风行 S50EV、宝骏 E100 为载体，通过任务驱动教学法将复杂的知识简单化，将抽象的知识系统化，帮助读者掌握新能源汽车底盘构造与故障检修的知识技能点。本书的主要内容包括驱动系统检修、转向系统检修、制动系统检修、行驶系统检修等。每个项目包含学习内容、学习目标、学习建议、知识链接、实践操作及工作页。检修过程的关键步骤配有企业专业人员维修的实景拍摄操作图解，详细展示了操作细节，简单易懂。

本书可作为职业院校新能源汽车相关专业的教材，也可作为新能源汽车维修从业人员的参考用书。

未经许可，不得以任何方式复制或抄袭本书之部分或全部内容。
版权所有，侵权必究。

图书在版编目（CIP）数据

新能源汽车底盘构造与检修 / 张匡闽，马立峰，蒋沛成主编. —北京：电子工业出版社，2023.9（2025.8 重印）

ISBN 978-7-121-46425-6

Ⅰ.①新… Ⅱ.①张… ②马… ③蒋… Ⅲ.①新能源—汽车—底盘—结构—职业教育—教材②新能源—汽车—底盘—检修—职业教育—教材 Ⅳ.①U463.1②U472.41

中国国家版本馆 CIP 数据核字（2023）第 183419 号

责任编辑：张镨丹
印　　刷：北京雁林吉兆印刷有限公司
装　　订：北京雁林吉兆印刷有限公司
出版发行：电子工业出版社
　　　　　北京市海淀区万寿路 173 信箱　邮编　100036
开　　本：880×1 230　1/16　印张：13　字数：299.5 千字
版　　次：2023 年 9 月第 1 版
印　　次：2025 年 8 月第 6 次印刷
定　　价：39.00 元

凡所购买电子工业出版社图书有缺损问题，请向购买书店调换。若书店售缺，请与本社发行部联系，联系及邮购电话：（010）88254888，88258888。

质量投诉请发邮件至 zlts@phei.com.cn，盗版侵权举报请发邮件至 dbqq@phei.com.cn。

本书咨询联系方式：（010）88254549，zhangpd@phei.com.cn。

前言 PREFACE

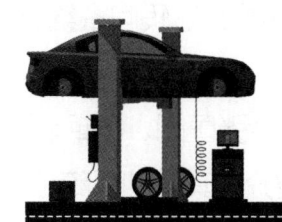

根据党的二十大精神，高质量发展是全面建设社会主义现代化国家的首要任务，推动战略性新兴产业融合集群发展，推动经济社会发展绿色化、低碳化是实现高质量发展的关键环节。新能源汽车是全球汽车产业转型升级、绿色发展的主要方向，也是我国汽车产业高质量发展的战略选择。

在国家推进"十四五"规划教材建设的背景下，本书编者根据职业学校教育教学特点及校企合作技术人员培训特点联合进行教材开发。针对目前汽车市场上的新能源汽车的综合特点，联合选取了市场保有量较多且具有代表性的家用轿车及家用城市小精灵两款车型，对新能源汽车底盘的结构及常见故障的检修方法进行讲解。

编者团队秉承"以立德树人为根本任务，升学与就业并举"的原则，深化"三教改革"，创新教学内容，引入学术研究、科技前沿和课程思政内容，通过与东风柳州汽车有限公司开展深度校企合作，依托维修技术资料开发、教学资源开发等合作项目，建立了一套从明确任务、制订计划、实施计划、检查控制到评价反馈的工作过程系统化的课程模式。本书的编写经过全面调研、精确分析、谨慎论证、科学编撰，是新能源汽车专业教学团队教学成果和集体智慧的展示和结晶。

本书遵循"以职业能力为导向，基于工作过程系统化课程体系开发"的思路进行编写，坚持培养具有良好的职业道德、勤动脑、精操作的人才。新能源汽车底盘是新能源汽车十分关键的组成部分，与传统汽车的底盘相比，其驱动系统、转向系统通过电气连接，转向系统、制动系统采用电子控制，传统的减速器接口也根据新的动力系统做出相应调整。因此，本书以新能源汽车为教学载体，紧密对接新能源汽车维修岗位的发展需求，将新能源汽车底盘典型工作任务作为教学主体内容，融合汽车维修、"1+X"职业技能等级证书相关技能要求，重视基础技能和故障排除的实操，以"实操+理论"、手册式实操为主要教学形式。

本书包括三部分内容，分别如下：

第一部分为"基础知识篇"（由张匡闽、朱燕雯编写），主要包括新能源汽车的基础知识、新能源汽车底盘概述、新能源汽车维修安全教育。

第二部分为"城市轿车篇之东风风行 S50EV"（由韦德文、张匡闽、马立峰、蒋沛成、张武杰、邱振超编写），它以东风风行 S50EV 为讲解对象，主要介绍其驱动系统、转向系统、制动系统和行驶系统的基础知识及常见故障的检修方法。

第三部分为"城市精灵篇之宝骏 E100"（由卓小能、何允萍、谢越峰、张匡闽、杨艳、黄敏、冉光迅、祁美娜、李柳妮编写），它以宝骏 E100 为讲解对象，主要介绍其驱动系统、转向系统、制动系统和行驶系统的基础知识及常见故障的检修方法。

本书可作为职业院校汽车类专业的通用教材，特别适合新能源汽车运用与维修专业使用，也可以作为相关行业岗位培训教材及新能源汽车维修人员的参考用书。在本书出版过程中得到了出版社与编辑的支持与帮助，特此表示感谢。

由于编者水平有限，书中难免有不足之处，欢迎读者提出宝贵意见和建议。

编　者

目 录
CONTENTS

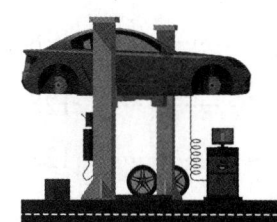

第一篇 基础知识篇 ··· 001
 任务一 新能源汽车的基础知识 ··· 001
 任务二 新能源汽车底盘概述 ·· 005
 任务三 新能源汽车维修安全教育 ·· 013

第二篇 城市轿车篇之东风风行 S50EV ····································· 022
 任务一 驱动系统检修 ·· 022
  子任务 1 驱动系统的基础知识 ··· 022
  子任务 2 驱动轴异响的检修 ·· 026
  子任务 3 减速器异响的检修 ·· 034
 任务二 转向系统检修 ·· 042
  子任务 1 电子助力转向系统的基础知识 ···························· 042
  子任务 2 纯电动汽车转向沉重的检修 ······························· 046
 任务三 制动系统检修 ·· 053
  子任务 1 电子控制制动系统的基础知识 ···························· 053
  子任务 2 汽车制动失效的检修 ··· 057
  子任务 3 电子驻车制动的检修 ··· 063
  子任务 4 防抱死制动系统及车身电子稳定程序的检修 ········· 071
  子任务 5 盘式制动器的检修 ·· 081
 任务四 行驶系统检修 ·· 086
  子任务 1 行驶系统的基础知识 ··· 086
  子任务 2 无法挂挡故障的检修 ··· 093
  子任务 3 车身摆动的检修 ··· 100
  子任务 4 汽车悬架的检修 ··· 108

子任务 5　轮胎异常磨损的检修 …………………………………………………………… 117

第三篇　城市精灵篇之宝骏 E100 ……………………………………………………… 128

任务一　驱动系统检修 …………………………………………………………………… 128
子任务 1　驱动系统的基础知识 …………………………………………………… 128
子任务 2　驱动轴异响的检修 ……………………………………………………… 131
子任务 3　减速器异响的检修 ……………………………………………………… 137

任务二　转向系统检修 …………………………………………………………………… 146
子任务 1　电子助力转向系统的基础知识 ………………………………………… 146
子任务 2　纯电动汽车转向沉重的检修 …………………………………………… 146

任务三　制动系统检修 …………………………………………………………………… 153
子任务 1　汽车制动失效的检修 …………………………………………………… 153
子任务 2　电子驻车制动的检修 …………………………………………………… 158
子任务 3　防抱死制动系统的检修 ………………………………………………… 167
子任务 4　车身电子稳定程序的检修 ……………………………………………… 174
子任务 5　盘式制动器的检修 ……………………………………………………… 180

任务四　行驶系统检修 …………………………………………………………………… 186
子任务 1　无法挂挡故障的检修 …………………………………………………… 186
子任务 2　车身摆动的检修 ………………………………………………………… 192
子任务 3　汽车悬架的检修 ………………………………………………………… 192
子任务 4　轮胎异常磨损的检修 …………………………………………………… 197

第一篇 基础知识篇

任务一 新能源汽车的基础知识

为了应对气候变化，我国提出"二氧化碳排放力争于2030年前达到峰值，努力争取2060年前实现碳中和"等庄严的目标承诺。在2021年的政府工作报告中，"扎实做好碳达峰、碳中和各项工作"被列为2021年的重点任务之一；"十四五"规划也将加快推动绿色低碳发展列入其中，交通物流节能减排工程将提高使用新能源汽车的比例。

请大家通过学习本任务，了解新能源汽车在环保、节能、安全等方面的优势。

请大家尝试举几个生活中有关节能环保的例子，并制订一份关于节能环保的行动计划。

扫一扫获取学习资源

学习内容

学习新能源汽车的基础知识。

学习目标

1. 了解新能源的定义与分类。
2. 掌握新能源汽车的定义和分类。
3. 通过分组讨论学习，培养学生团结协作的精神。

学习建议

1. 学生可通过线上平台进行预习或复习。
2. 建议授课 1 课时。

知识链接

一、新能源的定义与分类

（一）新能源的定义

新能源又称为非常规能源，它指的是传统能源之外的各种能源形式，如太阳能、电能、风能、海洋能、核聚变能等。

（二）新能源的分类

汽车可用新能源的分类见表 1-1-1。

表 1-1-1　汽车可用新能源的分类

新能源	优点	缺点
电能	1. 能源丰富； 2. 直接污染及噪声小； 3. 结构简单，维修方便	1. 蓄电池能量密度小，汽车续驶里程短，动力性较差； 2. 蓄电池质量大、使用寿命短，成本较高； 3. 蓄电池充电时间长
天然气	1. 资源丰富； 2. 污染小； 3. 辛烷值高	1. 需要建设配套保障措施（加气站等），投资大； 2. 能量密度较小，汽车续驶里程受限； 3. 动力性较低； 4. 储带不便
氢能源	1. 来源丰富； 2. 污染很小； 3. 辛烷值高，热值高	1. 氢生产成本高； 2. 气态氢能量密度小、储运不便，液态氢技术难度大、成本高； 3. 需要开发专用发动机
太阳能	1. 来源丰富，可再生； 2. 污染小	1. 效率低； 2. 成本高
醇类燃料	1. 来源较丰富； 2. 辛烷值高； 3. 污染较小	1. 毒性较大； 2. 对金属及橡胶件具有腐蚀性； 3. 冷起动性能较差
二甲醚	1. 来源较丰富； 2. 污染小； 3. 十六辛烷值高	1. 毒性较大； 2. 动力性较低； 3. 储带不便； 4. 生产成本高

随着新能源汽车的迅速发展，相关汽车零部件将出现非常大的变化。新能源汽车普遍使用的能量来源是电池包，而以传统燃油发动机为核心的动力总成的取消将会引起汽车底盘的巨大变化。

二、新能源汽车的定义

新能源汽车是指采用非常规车用燃料作为动力的主要来源（或使用常规的车用燃料而采用新型车载动力装置），综合车辆的动力控制和驱动方面的先进技术所产生的技术原理先进并具有新结构的汽车。电动汽车是指以车载电源为动力，用电机驱动车轮转动，符合道路交通安全法规要求的车辆。非常规车用燃料是指除汽油、柴油、天然气（NG）、液化石油气（LPG）、乙醇汽油（EG）、甲醇及二甲醚之外的燃料。

三、新能源汽车的分类

新能源汽车的分类有不同方法，下面主要介绍两种分类方法。

根据《新能源汽车生产企业及产品准入管理准则》，新能源汽车包括混合动力电动汽车、纯电动汽车、燃料电池电动汽车、天然气汽车及其他新能源汽车。

根据驱动系统获取能源的方式，新能源汽车包括5种类型：混合动力电动汽车、纯电动汽车（包括太阳能汽车）、氢能源动力汽车、燃料电池电动汽车、增程式电动汽车。

1. 混合动力电动汽车

混合动力电动汽车（Hybrid Electric Vehicle，HEV）是指同时装备两种动力源——热动力源（由传统的汽油机或柴油机产生）与电动力源（电池与电机）的汽车，其优点主要是耗油量较少，并且可以在内燃机的所有不利运行范围内由电机提供支持。混合动力电动汽车的行驶功率主要取决于车辆的行驶状态：一种是由单个驱动系统单独提供，另一种则是通过多个驱动系统共同提供。

2. 纯电动汽车

纯电动汽车（Battery Electric Vehicle，BEV）是指采用单一蓄电池作为储能动力源的汽车，它通过蓄电池向电机提供电能，驱动电机运转，进而推动汽车前行。其优点是结构比较简单，生产工艺相对成熟，行驶中无废气排放，噪声也小，但是存在续驶里程较短、充电时间短会缩短蓄电池使用寿命等缺点。纯电动汽车使用的蓄电池主要有铅酸蓄电池、镍镉电池、镍氢电池和锂离子蓄电池等，它们可以为纯电动汽车提供动力。

3. 氢能源动力汽车

氢能源动力汽车（Hydrogen Powered Vehicle，HPV）主要以氢能为动力源，它是新能源汽车中对环境最友好的一种车型。

在氢能源动力汽车中，氢燃料电池利用氢气在阴极和阳极之间形成的电势差产生电能向电机输出动力；氢气发生器则以一个高效率的化学反应产生纯净的氢气，以供氢燃料电池产生电能。氢能源汽车的最大优势首先是环保，它在行驶中不会产生有害物质，可实现零污染、零排放；其次是氢气燃烧时的发热量比汽油高，可增加汽车的续驶里程，并且不需要对汽车发动机进行大的改装。氢燃料电池直接将化学能转换为电能，不需要经过热能和机械能（发电机）的中间变换，因而其发电效率可达50%以上。但是氢能源动力汽车也有不少劣势，主要包括氢气制取价格较高、氢的储运比较困难、成本高及氢气加气站设施不完善等。

4．燃料电池电动汽车

燃料电池电动汽车（Fuel Cell Electric Vehicle，FCEV）使用燃料电池作为动力源，燃料电池通过电化学反应将化学能转换为电能，即通过氢气和氧气的化学作用将电池的能量直接转换为电能，并没有经过燃烧。由于燃料电池的化学反应过程不会产生有害产物，燃料电池电动汽车是无污染汽车。燃料电池的优点包括节能、转换效率比内燃机高、排放达到零污染、车辆性能接近内燃机汽车、结构简单、运行平稳，但是它也有不足，主要包括燃料种类单一、要求高质量的密封、比功率仍需提高、造价过高，以及需要配备辅助电池系统等。

5．增程式电动汽车

增程式电动汽车（Extended Range Electric Vehicle，EREV）与电动汽车有相似之处，即通过电池向电机提供能量，驱动其运转，进而推动车辆前行。但这两者也有不同之处，即增程式电动汽车会配备一个汽油或柴油发动机，以在电池电量过低的情况下进行电量补充。

任务二 新能源汽车底盘概述

自 1886 年第一辆汽车诞生以来,汽车技术一直在发展与创新。一个国家的汽车产业发展水平能够反映该国家的装备制造水平。近年来,我国的汽车产业,尤其是新能源汽车,已经取得了重大进步。当代青年应对国产汽车品牌、国产制造业拥有更多的信任与信心。

请大家通过网络搜索,了解我国新能源汽车取得的重大进步,并在小组内分享讨论。

扫一扫获取学习资源

学习内容

学习新能源汽车底盘的基础知识。

学习目标

1. 了解汽车底盘的重要性、新能源汽车底盘的设计思路。
2. 掌握新能源汽车底盘结构的特点。
3. 通过分组讨论学习,培养学生团结协作的精神。

学习建议

1. 学生可通过线上平台进行预习或复习。
2. 建议授课 1 课时。

知识链接

一、汽车底盘的作用

汽车底盘的作用是承载和安装发动机、车身及部分电器设备与附件等,形成汽车的整体造型,以及接受发动机输出的动力,并通过各种机构传递给驱动轮,以使汽车运动。为了提高车辆的乘坐舒适性和安全性,汽车底盘上还设置了用于控制方向、减轻振动等装置。

二、汽车底盘的组成

汽车底盘由传动系统、行驶系统、转向系统及制动系统 4 部分组成,如图 1-2-1 所示。

1. 传动系统

传动系统（见图 1-2-2）由离合器、变速器、传动轴、万向节、主减速器、差速器和驱动半轴等组成。其作用是将发动机输出的动力传递给驱动轮，从而推动汽车行驶。传动系统具有减速、变速、倒车、中断动力、轮间差速和轴间差速等功能，通过与发动机配合工作，保证汽车在各种工况条件下正常行驶。

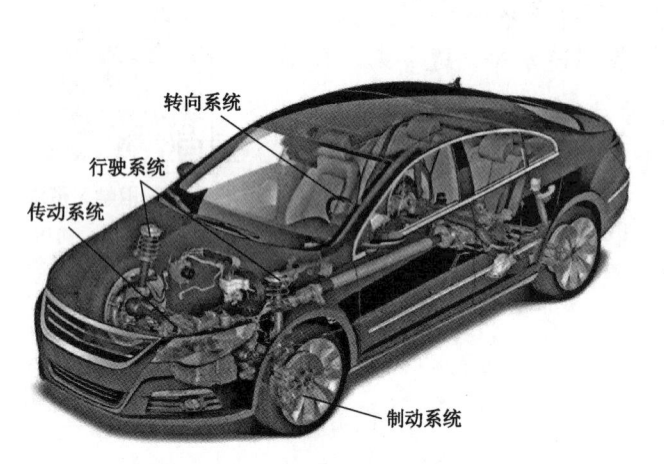

图 1-2-1　汽车底盘的组成示意图

图 1-2-2　传动系统

2. 行驶系统

行驶系统（见图 1-2-3）一般由车架、车桥、车轮和悬架等组成。其作用是将来自传动系统的转矩转换为路面对车辆的牵引力，承受外界对汽车的各种作用力和力矩，以及减少振动、缓和冲击，从而保证汽车正常、平顺地行驶。

3. 转向系统

转向系统（见图 1-2-4）由转向盘、转向柱、转向器和转向助力机构等组成，其作用是保证汽车能按照驾驶人的要求直行或转向。转向系统按转向动力源的不同，可以分为机械转向系统和动力转向系统两类。

图 1-2-3　行驶系统

图 1-2-4　转向系统

4. 制动系统

制动系统的作用是根据需求使汽车减速或在最短的距离内停车，以保证行车安全。它一般由行车制动器、驻车制动器等组成，行车制动器又可分为盘式制动器和鼓式制动器。目前常用的行车制动器为盘式制动器，如图1-2-5所示。

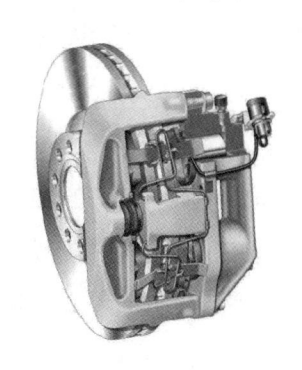

图1-2-5　盘式制动器

三、汽车底盘的发展趋势

底盘作为汽车的一个重要组成部分，其工作性能直接影响汽车的动力性、经济性、平顺性、操纵稳定性及安全性。汽车底盘的结构和性能特点因车型、发动机的安装位置、驱动方式、用途等的不同而不同。汽车底盘电子控制技术的迅速发展也使汽车的操作性、安全性和舒适性等得到了进一步的提高。

四、新能源汽车底盘的发展

新能源汽车底盘的发展主要包括材料、结构、悬架、制动系统4方面。

1. 材料

材料是新能源汽车底盘重点考虑的因素之一。相较于传统汽车底盘，新能源汽车底盘的发展更趋向轻量化，以提高整车的能源利用效率。因此，新能源汽车底盘选择使用轻且有足够刚度和强度的材料。碳纤维复合材料、铝合金材料等的使用可以保证底盘在减重的同时依然具有足够的稳定性和安全性。

2. 结构

结构是新能源汽车底盘重点考虑的另一个因素。新能源汽车高效、环保、安全、智能等特点，要求其底盘具有更高的刚度、更好的减振性能、更强的静态和动态稳定性，以及更高的噪声隔离和振动控制能力。新能源汽车底盘的结构主要涉及动力电池布置、驱动电机布置及驱动系统的集成。

3. 悬架

新能源汽车的悬架与传统燃油汽车的悬架基本相同，但是新能源汽车动力电池的质量和体积通常比燃油发动机和燃油箱大，悬架需要支撑这些额外的质量，并考虑车辆前后轴质量

分布的平衡。此外，它还要调整减振器和弹簧的软硬度，确保车辆的稳定性和乘坐舒适性。

4. 制动系统

制动系统是新能源汽车底盘的重要组成部分，用电动助力装置替代传统机械制动系统的真空助力装置，不仅可以节省空间和降低质量，还能实现快速响应和提高制动效率等。因此，提高制动助力装置的智能化水平，并结合电子控制，有望进一步提高制动系统的整体效能。

五、新能源汽车底盘结构的特点

传统燃油汽车底盘的重要组成部分是发动机，同时配备特有的传动系统、转向系统和制动系统。新能源汽车最重要的一点就是在设计底盘结构时取消了发动机，并对传动系统、转向系统及制动系统进行独特的设计，下面以电动汽车为例进行具体介绍。

1. 传动系统

目前，电动汽车的传动系统主要采用以下3种设计方案。

（1）单电机传动方案，其简图如图1-2-6所示。

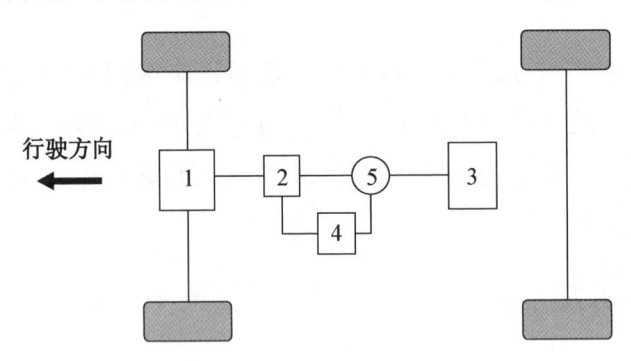

1—减速器；2—变速器；3—蓄电池；4—电机控制器；5—电机

图1-2-6 单电机传动方案简图

该方案类似于现有的内燃机汽车，它包括电机、变速器、蓄电池及电机控制器等，因而可以在原有的汽车平台上进行生产制造，结构也相对稳定。但是单电机传动方案对电机的功率需求大，导致电机尺寸较大，从而增加了电动汽车的质量，影响其续航能力，使其发展受限。

（2）主电机+轮毂电机传动方案，其简图如图1-2-7所示。

在这种方案中，主电机负责驱动前轮使电动汽车向前行驶，后轮的两个轮毂电机主要为电动汽车提供后备功率。在车辆减速或下坡时，上述3个电机可同时进行能量回收，以提高能量利用率。

采用主电机+轮毂电机传动方案可以提高电动汽车的后备功率，使传动系统的结构变得简单，但会增加轮毂的转动惯量，导致车辆的操控性下降。此外，轮毂电机在恶劣天气条件下容易受到温度、水、灰尘等多种因素的影响，因此在考虑密封问题时还要考虑电机散热，但是两者不可兼得，只能在权衡利弊后进行相关设计。

←→ 电能　⇐⇒ 机械能

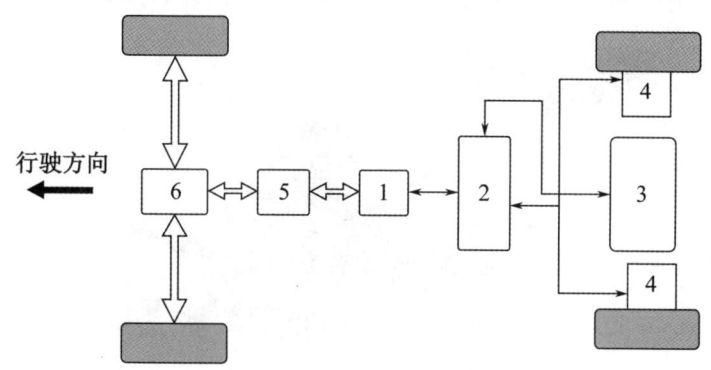

1—主电机；2—电机控制器；3—蓄电池；
4—轮毂电机；5—变速器；6—驱动桥

图 1-2-7　主电机+轮毂电机传动方案简图

（3）双电机双轴传动方案，其简图如图 1-2-8 所示。

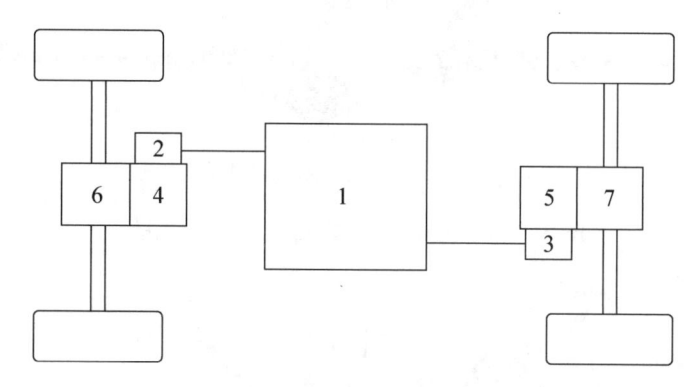

1—蓄电池；2—前电机；3—后电机；4—前减速器；
5—后减速器；6—前桥；7—后桥

图 1-2-8　双电机双轴传动方案简图

该方案采用两个小功率的电机分别驱动前轴和后轴。与采用单个功率值等于两个小功率电机的功率之和的电机相比，采用两个小功率的电机可以在相同的车辆负荷下提高其中一个电机的负荷率，进而提升电动汽车的工作效率，减少电能消耗，提高电动汽车的续航能力。

通过对比上述 3 种方案可知，双电机双轴驱动方案不仅可以提升电动汽车的能量利用率，增加电动汽车的续驶里程，使其经济性提高，还可以提高电动汽车的动力性，使其更容易操控，从而增加驾驶质感。

2．转向系统

传统燃油汽车一般采用液压助力转向系统，其工作原理是由发动机带动转向助力泵，即通过转向阀、转向助力缸、高压油管等带动齿轮齿条式转向器实现汽车转向。由于新能源汽车取消了发动机，无法继续使用传统的转向助力泵，原有的转向系统及其管路等零部件也要做适当改变。

新能源汽车常采用电子助力转向系统，它又分为 3 种类型：转向管柱式齿轮齿条转向系统、小齿轮式齿轮齿条转向系统和齿条式转向系统，如图 1-2-9～图 1-2-11 所示。

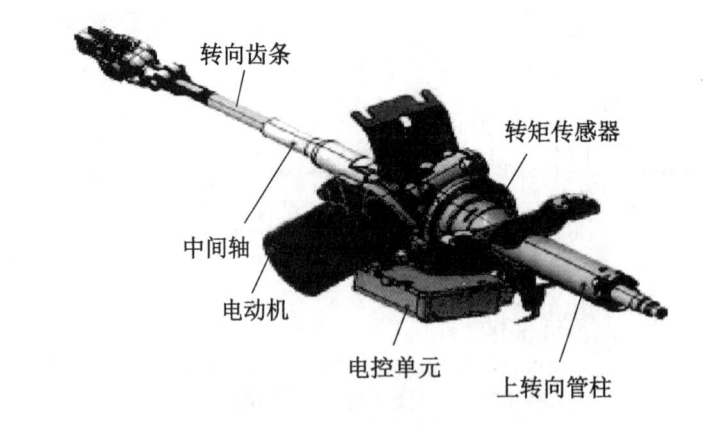

图 1-2-9　转向管柱式齿轮齿条转向系统

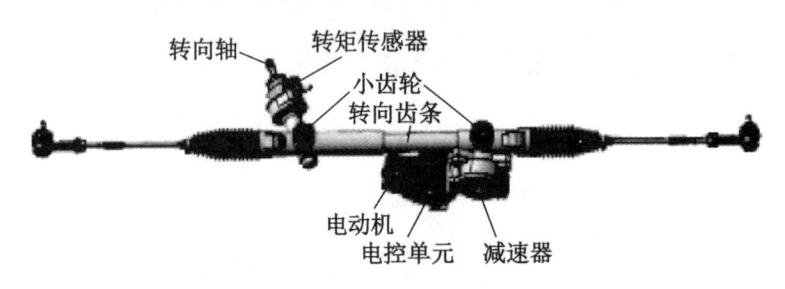

图 1-2-10　小齿轮式齿轮齿条转向系统

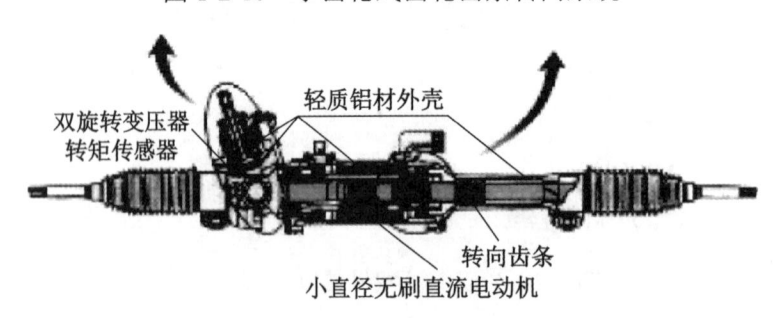

图 1-2-11　齿条式转向系统

电子助力转向系统依靠电动助力，与传统的液压助力转向系统相比，它有以下优点：

（1）避免燃油泄漏。电动助力可以避免传统液压助力转向系统存在的燃油泄漏问题，能够更好地实现节能环保。通过电动助力实现转向，可以做到相对独立，从而降低燃油消耗量。

（2）方便操作。在安装过程中，因电动设备可集成装备于一体，故其操作简单，能够节省时间。

（3）系统灵敏度高。新增的转向控制系统可以敏锐地检测车辆在各种路况及车速下的转向速度，因而可以帮助车辆找到最佳的回正速度，确保车辆控制的稳定性。

3．制动系统

目前，电动汽车采用的液压制动系统与传统燃油汽车的结构差异不大，但是因为取消了发动机，导致原有的制动真空泵失去了真空源，所以需要用电动真空泵替代它。因此，在液压制动系统的真空助力系统和制动主缸上，电动汽车和传统燃油汽车存在较大差异。

电动汽车没有发动机，也就意味着没有传统的真空源，而传统燃油汽车的制动系统所采用的真空助力装置的真空源来自发动机进气歧管，真空度负压一般可达 0.05～0.07MPa。仅由人力产生的制动力无法满足行车制动的需求，因而需要为电动汽车单独设计一个电动真空泵，于是出现了电动真空助力系统，如图 1-2-12 所示。

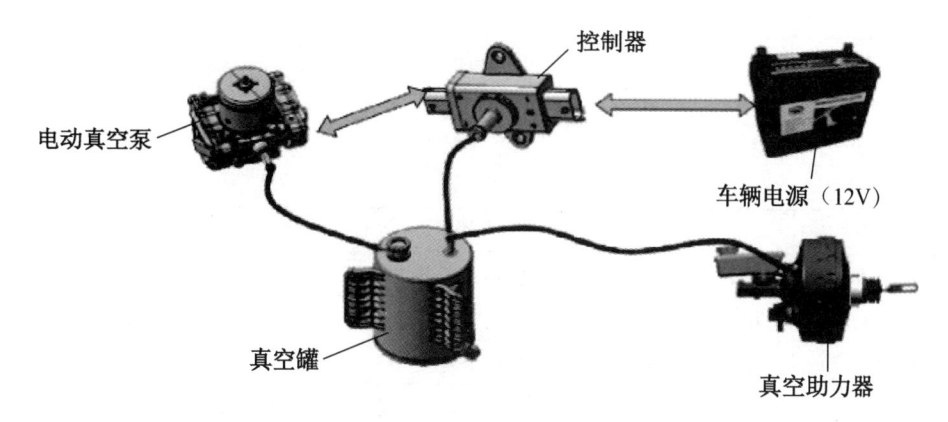

图 1-2-12　电动真空助力系统

工作页

任务：新能源汽车底盘概述
任务内容： 1. 了解汽车底盘的重要性、新能源汽车底盘的设计思路。 2. 掌握新能源汽车底盘结构的特点。 基本要求： 1. 能独立说出汽车底盘的重要性、新能源汽车底盘的设计思路。 2. 能理解并独立说出新能源汽车底盘结构的特点
请完成以下练习题：
1. 请简要写出新能源汽车底盘结构的特点。   2. 请写出东风风行 S50EV 所采用的转向系统类型。

续表

	3. 请写出新能源汽车的分类方法					
课后反思	请谈谈你在本次学习中收获了什么？（可以写出优点和不足）					
评价	评分项目	评分内容		配分	自评分	教师评分
	完成情况	是否在规定时间内按要求完成任务		20		
	操作工艺	操作步骤是否正确、规范		40		
	安全操作	是否文明操作，是否符合安全要求		20		
	7S 情况	是否符合整理、整顿、清扫、清洁、素养、安全和节约要求		10		
	工匠精神	是否细致认真地完成操作，是否有违反职业行为规范的情况		10		

任务三　新能源汽车维修安全教育

安全无小事。要想实现安全生产，一要有安全意识，二要有安全技能，三要有安全制度。安全意识是基础，有了安全意识，才能保持对安全工作的高度警觉，避免事故发生；安全技能是关键，正确掌握安全技能才能保护自己，实现安全操作与安全生产；安全制度是保障，在各任务的实践操作过程中应时刻牢记遵守安全制度。

在后续任务的实践操作中应牢记安全注意事项与正确操作流程，对各类可能对自己或他人或设备造成伤害的因素保持戒备和警觉的心理状态，以及对自我安全保护的有效认知，并自觉地将这种认知贯穿整个生产过程中，最终实现"我要安全"质的转变，使安全意识成为一种本能。

大家可以尝试编一个安全口号，以便在每次操作前喊出口号，提醒自己注意安全。

学习内容

学习汽车安全用电基本知识、汽车安全实训基础知识。

教学用具

实训车辆（新能源汽车）、新能源汽车专用绝缘工具、车内防护套（地板垫、座椅套、转向盘套、变速杆套）与车外防护套（前格栅布、翼子板布）、枕木、垫块等。

学习目标

1. 掌握汽车安全用电基本知识。
2. 了解电伤害的分类。
3. 能说出 A 级电压和 B 级电压的标准。
4. 通过分组实训使学生能独立完成车辆安全防护布置及个人防护用具的穿戴与检查。
5. 通过分组实训培养学生的动手操作能力，并助其养成耐心谨慎、一丝不苟、团结协作的职业素养。

学习建议

1. 学生可通过线上平台进行预习或复习。

2. 建议授课 2 课时。

知识链接

一、汽车安全用电基本知识

（1）严禁用铜丝、铁丝代替熔断器。熔断器的额定电流须与用电容量相匹配，严禁随意增大容量。

（2）保护高压电路的熔断器烧断后，应该及时更换，并在检查高压负载后再次进行上电操作，以防其再次损坏。

（3）购买充电设备时应认真查看产品说明书中的技术参数（如频率、电压等），须符合本地用电要求。了解充电设备的耗电功率值，特别是配线容量、插头、插座、熔断器、电表需要满足相关要求。

（4）当家用配电设备无法满足充电器的容量要求时，应更换改造，严禁超负荷运行，防止损坏电气设备，避免引起电气火灾。

（5）购买充电设备前应了解其绝缘性能（一般绝缘或加强绝缘或双重绝缘）。

（6）严禁把充电设备安装在湿热、灰尘多或有易燃、易爆、腐蚀性气体的环境中，注意查看产品说明书中对其安装环境的要求。

（7）铺设室内配线时，相线、零线应标识明晰，并与家用电器接线保持一致，严禁接错。

（8）配线中间尽量不设接头。若须加装接头，应保证其接触牢固并用绝缘胶布缠绕，禁止用医用胶布代替。

（9）地线严禁接在自来水管、煤气管、电话线的地线和避雷线的引下线（避雷线的接地线）上。

（10）必须远离易燃物品。

（11）手上有水时禁止接触带电的开关或更换电气元件。

（12）发生紧急情况需要切断电源导线时，须用绝缘电工钳或带绝缘手柄的刀具进行操作。

（13）注意在紧急断开高压线或拔下高压插座的状态下，高压用电设备仍可能带电。

（14）抢救触电人员前须断开电源，可用木板、绝缘杆挑开电源线，严禁用手直接拉拽触电人员，避免发生连环触电。

（15）电器出现烧焦、冒烟、着火的情况时，须立即断开电源，可使用干粉灭火器灭火，不可用水或泡沫灭火器浇喷。电池着火时，应使用水基灭火器灭火。

（16）定期对车辆高压线路进行绝缘检查，若发现锁止机构不合格或出现破损，须及时更换，新锁止机构须经绝缘检测合格后装车使用。

（17）严禁使用汽油、酒精、肥皂水、去污粉等具有腐蚀性或导电性的液体擦拭高压电气元件及线束。

（18）严禁私自加装用电设备。

（19）严禁私自拆卸、维修高压用电设备。

（20）不同的新能源汽车制造商在高压上电与下电逻辑方面的设计存在较大区别，维修时应按照其规范要求进行维修并正确穿戴防护用具。

二、电伤害的分类

触电一般指人体触及带电体，因为电流通过人体而造成伤害，它分为电击和电伤两种情况。

1. 电击

电击是指电流通过人体内部，破坏心脏、肺和神经系统的正常工作，严重时可危及生命，大多数（超过85%）的触电死亡事故都是由电击造成的。

按照人体触电的方式和电流通过人体的途径，电击触电分为3种，如图1-3-1所示。

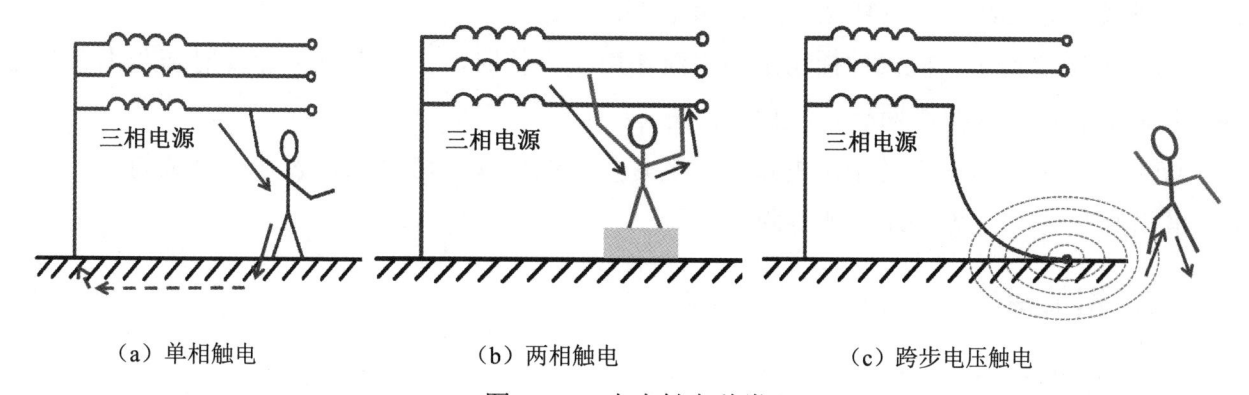

（a）单相触电　　　（b）两相触电　　　（c）跨步电压触电

图 1-3-1　电击触电种类

（1）单相触电。它是指人体触及单相带电体的触电事故。

（2）两相触电。它是指人体同时触及两相带电体的触电事故，危险性很大。

（3）跨步电压触电。当带电体接地且有电流流入地下时，电流在接地点周围会产生电压降，而人在行走时两脚之间就产生了跨步电压，进而引起触电事故。

电击的主要特征：伤害人体内部，在人体外表面没有显著的痕迹。

2. 电伤

电伤是指电流热效应、化学效应或机械效应等对人体所造成的局部伤害。

触电的危险性与通过人体的电流大小、时间长短及频率大小有关，例如100mA的电流流经人体就会造成致命伤害，40～60Hz的交流电比其他频率的电流更危险。

在触电伤亡事故中，纯电伤及带有电伤性质的事故约占75%（电烧伤约占40%）。尽管有85%以上的触电死亡事故是由电击造成的，但有约70%的电击事故含有电伤成分。因此对于专业电工的安全而言，预防电伤具有更为重要的意义。

（1）电烧伤。电烧伤是由电流热效应造成的伤害，它分为电流灼伤和电弧烧伤。

① 电流灼伤。电流灼伤是人体与带电体接触后，电流在通过人体时由电能转换为热能对人体所造成的伤害。它一般发生在低压设备或低压线路上。

② 电弧灼伤。电弧烧伤是由弧光放电造成的伤害，一般分为直接电弧烧伤和间接电弧烧伤。电弧温度超过8000℃时，可造成大面积烧伤，甚至烧焦、烧掉四肢及其他部位。大电流通过人体时，可能会烘干、烧焦机体组织。高压电弧的烧伤比低压电弧更严重，直流电弧的烧伤比工频交流电弧更严重。

发生直接电弧烧伤时，电流进出口的烧伤最为严重，人体内部也会被烧伤。与电击不同，电弧烧伤会在人体表面留下明显痕迹。

（2）皮肤金属化。在电弧高温作用下，金属会熔化、汽化，金属微粒可能会渗入皮肤，导致皮肤出现水泡、颜色变红或变黑，甚至结痂。一般而言，皮肤金属化多与电弧烧伤同时发生。

（3）电烙钝。电烙钝是在人体与带电体接触部位留下的永久性斑痕。斑痕处的皮肤会失去原有的弹性、色泽、表皮坏死，失去知觉。

（4）机械性损伤。机械性损伤是指电流作用于人体时，由于中枢神经反射和肌肉强烈收缩等作用导致的机体组织断裂、骨折等伤害。

（5）电光眼。电光眼是指发生弧光放电时，由红外线、可见光、紫外线对眼睛造成的伤害。电光眼一般表现为角膜炎或结膜炎。

三、相关标准

1. 电压等级标准

根据 GB 18134—2020《电动汽车安全要求》，电压等级标准见表1-3-1。

表1-3-1 电压等级标准

电压等级	交流/V	直流/V
A级	≤30	≤60
B级	>30～1000	>60～1500
B1级	>30～50	>60～75
B2级	>50～1000	>75～1500

2. 放电标准

主动放电：电机控制器的电源被切断，接入专门放电回路对支承电容快速放电，时间要求≤3s。

被动放电：电机控制器的电源被切断，不接入专门放电回路，支承电容自然放电，时间要求≤5min。

碰撞后主动放电：GB/T 31498—2021《电动汽车碰撞后安全要求》规定车辆碰撞后高压母线总电能小于 0.2J；GB 18384—2020《电动汽车安全要求》规定 B 级电压带电部分在遮栏和外壳打开后 1s 内，B 级电路存储总能量小于 0.2J；ISO 6469-4—2015《电动道路车辆安全规范第 4 部分 碰撞后电气安全》规定 10s 内高压母线电压需要降至 A 级电压。

四、防护用品

防护用品是维修人员在高压带电操作中为了防止触电而穿戴的用品和使用的工量具，各类安全防护用品如图 1-3-2 所示。

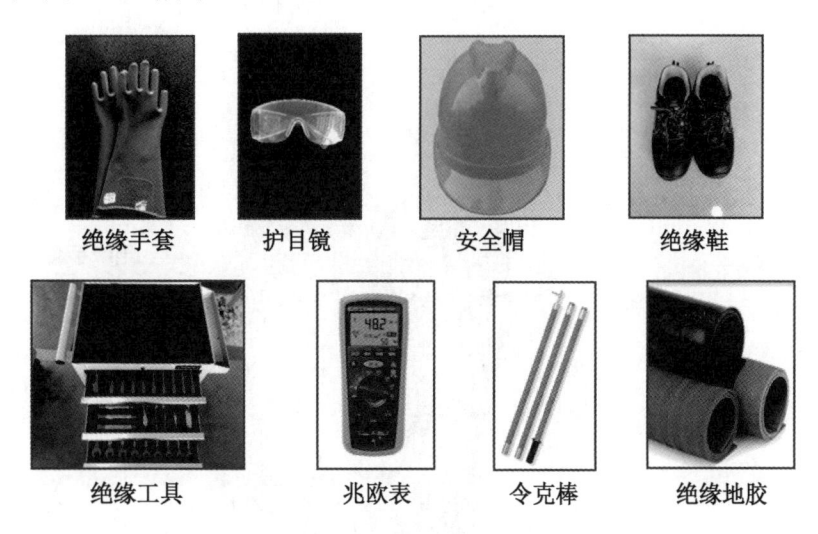

图 1-3-2 各类安全防护用品

五、安全操作基本要求

1. 新能源汽车维修基本要求

（1）具备低压电工操作证。

（2）穿戴棉制工装进行作业。

（3）双人作业时，其中一人负责操作，另一人负责安全监护，作业区须有警戒线。

（4）合理选用安全用品，并在使用前进行校零或绝缘检查。

（5）保持良好的卫生习惯，改变长期脏手、脏鞋、湿脚的不良习惯。

（6）须经过专项培训。

（7）维修前需要保证车辆及维修人员的安全防护到位，如图 1-3-3 和图 1-3-4 所示。

2. 拆除高压电气元件或进行线路检测前的准备工作

（1）读取故障码及数据流，判断是否存在触电隐患。

（2）在启动开关关闭状态下，务必确认高压电系统内是否还存在高压电（特别是电机控制器）。

（3）务必保证断开 12V 蓄电源负极 10min 后再进行高压电气元件的拆检操作。

图 1-3-3 车辆的安全防护

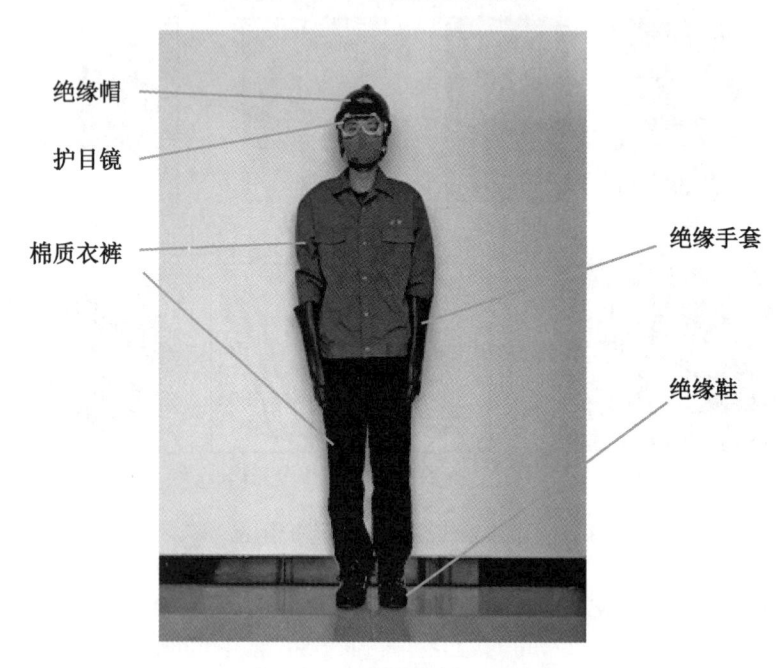

图 1-3-4 维修人员的安全防护

（4）根据需要断开维修开关（放置于指定位置并由专人看管）。

（5）在无法确定高压电路是否带电的情况下拆检高压线束时，须穿戴个人防护用具。

（6）拆下任何高压配线后，应立即检查高压线束及相关元件是否存在高于安全电压的余电，同时进行绝缘隔离及防污处理。

（7）使用绝缘表等专用工具对高压电气元件及线路进行检测时，须保证高压电断开（电池包电压不接入电路）。

（8）严禁在未确认绝缘安全的情况下检测动力电池包的绝缘情况。动力电池包的绝缘检测可通过检测仪进行，对输出母线单独进行绝缘检测。在确认主正及主负继电器未黏结的情况下，可用绝缘表测量动力电池包输出端至主正及主负继电器的绝缘情况。

（9）采用单边测量法用绝缘表进行高压绝缘检测。

（10）在不了解车辆控制逻辑的情况下，须严格遵守安全作业要求，通过 2 次以上的安全确认方可进行作业。

六、"四不"原则

1. 教师不在现场不操作。
2. 未做好安全防护不操作。
3. 未经安全检查不上电操作。
4. 未经安全提示不上电操作。

七、急救

下面大致介绍触电伤害程度鉴别方法及应急措施。

（1）如果触电者伤势较轻且神志清醒，但感到心慌、四肢麻木、全身无力，或者触电者曾一度昏迷，但已清醒过来的，应使其安静休息，不要走动，并安排专人密切观察，必要时须立即送医。

（2）如果触电者伤势较重且已失去知觉，但心脏跳动，呼吸也未停止，应将触电者抬至空气畅通处，解开衣服，让其平直仰卧，并用软衣服垫在身下，使其头部比肩稍低，以免妨碍呼吸，若天气寒冷，应注意保温，遇呼吸衰弱者，还可掐其人中或挤压涌泉等穴位并迅速送医。

（3）如果发现触电者呼吸困难或发生痉挛，应立即准备应对心脏停搏或者呼吸停止的抢救。若触电者伤势较重，当其无呼吸而有心跳时，应进行人工呼吸急救；当其有呼吸而无心跳时，应进行胸外按压急救；当其无呼吸且无心跳时，应立即进行人工呼吸并应用胸外心脏挤压法进行抢救，并尽快送医。在送医途中，不应停止抢救，以免触电者因停止抢救而死亡。

注意：必须仔细观察，判断伤者的脉搏（心跳）是否完全停止，同时对其大声呼喊（若在心脏未停搏时按压心脏，会引起心律失常，反而会威胁生命）。

（4）在有的触电事故中，触电者被救助之后没有死亡，反而是救助者失去了生命。在有的高处触电事故中，触电者起初没有死亡，但在隔断其与电源的接触后未加以保护，反而导致其坠落死亡。还有的触电者，因为没有得到正确的救治，延误了救治的最佳时机而发生悲剧。

（5）遇到触电事故时，一定要冷静，首先切断电源，在保证自身安全的前提下，不要直接接触带电体和触电者，可以用干衣服和毛巾等绝缘物品将触电者拽离带电体。

建议：邀请专业医护人员进行集体人工急救培训。

工作页

任务： 新能源汽车维修安全教育

任务内容：

1. 掌握汽车安全用电知识。
2. 了解电伤害的分类。
3. 能说出 A 级电压和 B 级电压的标准。
4. 通过分组实训使学生能独立完成车辆安全防护布置及个人防护用具的穿戴与检查。

基本要求：

1. 能理解并独立说出电伤害的种类。
2. 能理解并独立说出防护用品的种类。
3. 能理解并独立说出安全操作基本要求

请完成以下练习题：

1. 请在方框中填写车辆检修所用防护用品的名称。

2. 请在框中填写维修人员穿戴的防护用品的名称。

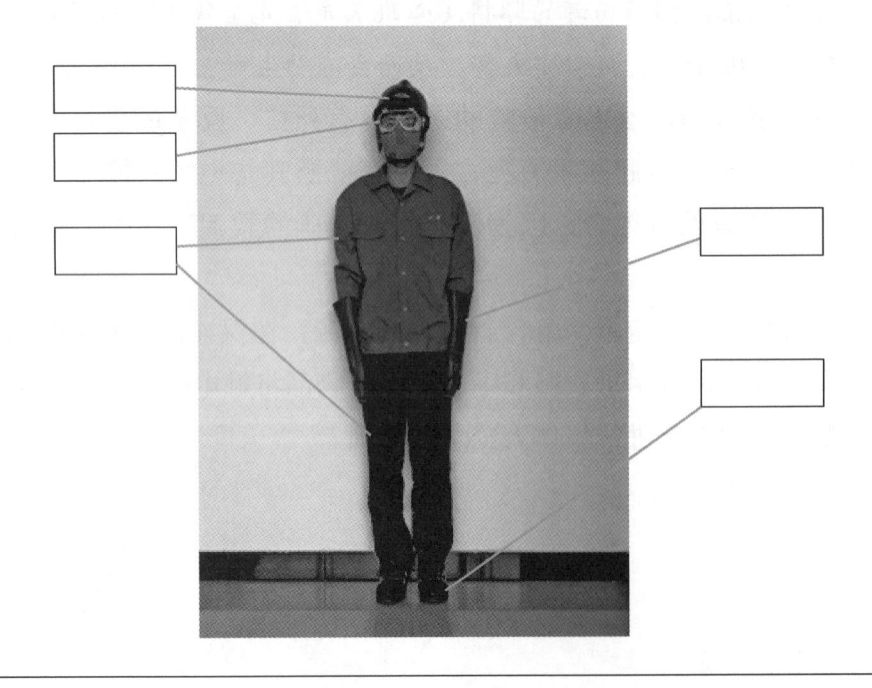

续表

3. 请在实训工位完成车辆检修所用防护用品的放置及维修人员防护用品的穿戴

课后反思	请谈谈你在本次学习中收获了什么？（可以写出优点和不足）				
评价	评分项目	评分内容	配分	自评分	教师评分
	完成情况	是否在规定时间内按要求完成任务	20		
	操作工艺	操作步骤是否正确、规范	40		
	安全操作	是否文明操作，是否符合安全要求	20		
	7S 情况	是否符合整理、整顿、清扫、清洁、素养、安全和节约要求	10		
	工匠精神	是否细致认真地完成操作，是否有违反职业行为规范的情况	10		

第二篇

城市轿车篇之东风风行S50EV

任务一 驱动系统检修

通过分组学习,大家可以体会团结协作、互帮互助的良好团队精神,发挥团队的集体智慧,提高学习效率。在分组学习过程中注意发挥每个人的优势,弥补不足。

请尝试分析小组内每个人的优势和不足,并思考如何进行分工才能最大限度地发挥个人优势。

扫一扫获取学习资源

子任务1 驱动系统的基础知识

学习内容

以东风风行S50EV为例,学习驱动系统的基础知识。

教学用具

实训车辆(东风风行S50EV)、车内防护套(地板垫、座椅套、转向盘套、变速杆套)与车外防护套(前格栅布、翼子板布)等。

学习目标

1. 能说出纯电动汽车驱动系统的组成及工作原理。

2. 通过小组学习培养学生认真学习的态度，并助其养成耐心谨慎、一丝不苟、小组团结协作的职业素养。

学习建议

1. 学生可通过线上平台进行预习或复习。
2. 建议授课1课时。

知识链接

按照汽车的构造，汽车的驱动系统应包括动力产生部分（发动机）、动力传递部分（传动系统）和动力执行部分（行驶系统）。在新能源汽车领域，动力产生部分发生了很大的变化——新能源汽车的动力源与传统汽车的发动机明显不同，相应的动力传递部分也随之发生变化。

对于不同的动力源，汽车的驱动系统是不一样的。现阶段的新能源汽车驱动系统有电机、燃料电池发动机、传统燃料发动机+电机等。

纯电动汽车作为新能源汽车的代表之一，驱动电机是它的三大核心部件之一，也是驱动它行驶的主要执行机构。驱动电机的特性决定了车辆的主要性能指标，直接影响车辆的动力性、经济性和用户驾乘体验。

一、驱动系统的组成与工作原理

（一）组成

纯电动汽车的驱动系统主要由动力蓄电池（以下简称动力电池）、整车控制器（VCU）、驱动电机控制器（MCU）、驱动电机（M）、车载充电器（OBC）、高压配电箱（PDU）、各种传感器（加速踏板位置传感器、选挡开关、起动开关、制动踏板开关等）、传动装置（减速器）及车轮等组成。

（二）工作原理

驱动电机系统的核心是MCU，它主要采用三相两电平电压源型逆变器。各种传感器将信号反馈给MCU，MCU根据检测到的电流信号、电压信号、温度信号对驱动电机当前的运行状态进行监测并调整相应的参数，以完成控制。MCU根据电机温度传感器反馈的信息，通过CAN线反馈给VCU，VCU负责控制冷却风扇的开启与关闭及冷却循环路线，确保驱动电机保持在理想温度下工作。以纯电动汽车东风风行S50EV为例，其驱动电机的数据见表2-1-1。

表 2-1-1 东风风行 S50EV 驱动电机的数据

企业	东风风行
型号	LZ7000SLAEV
动力形式	纯电驱动系统
匹配车型	风行 S50EV（网约版）
电机最大功率	120kW
电机最大转矩	280N·m
纯电续驶里程（NEDC）	415km
技术亮点	东风风行 S50EV 车型所用驱动电机为永磁同步电机，它是当前市场中使用较多的动力总成，其特性如下：体积小，质量小，功率密度大，效率高，高效区广，恒功率范围广，安全性、舒适性皆高，可有效回收能量

注：NEDC 是新欧洲驾驶循环测试标准。

东风风行 S50EV 的控制逻辑如图 2-1-1 所示。

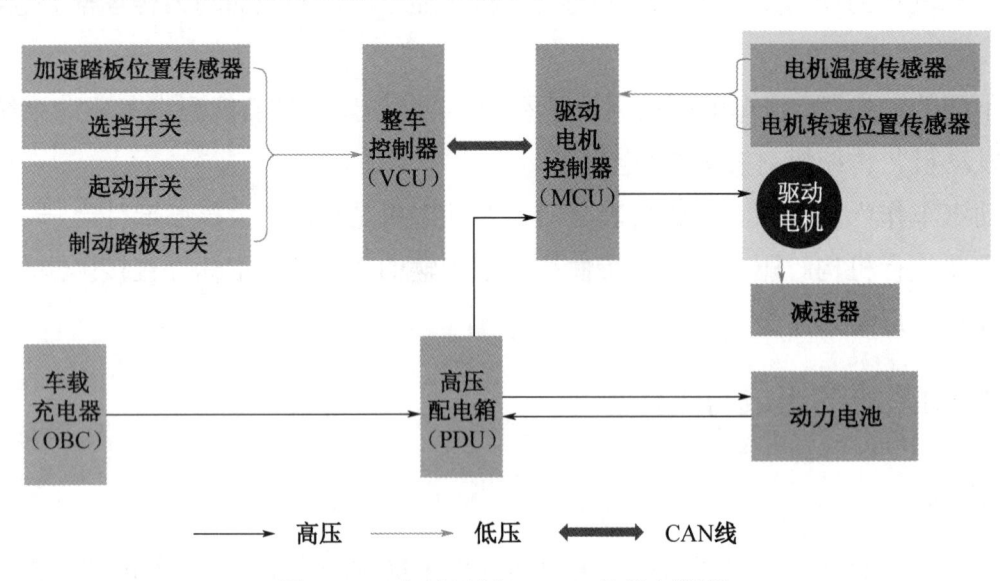

图 2-1-1 东风风行 S50EV 的控制逻辑

二、驱动系统的主要部件

下面以东风风行 S50EV 为例，介绍纯电动汽车驱动系统的主要部件。

1．驱动电机

东风风行 S50EV 的驱动电机实物如图 2-1-2 所示。

东风风行 S50EV 驱动电机的最大功率为 120kW，其作用是为纯电动汽车提供动力，通过与减速器相连，可实现动力输出。

2．驱动电机控制器

东风风行 S50EV 的驱动电机控制器实物如图 2-1-3 所示。

驱动电机控制器是驱动电机系统的核心，又称为智能功率模块。驱动电机控制器以绝缘栅双极型晶体管（IGBT）模块为核心，辅以驱动集成电路、主控集成电路。

(a) 俯视图 　　　　　　　　　　　　　　(b) 主视图

图 2-1-2　东风风行 S50EV 的驱动电机实物

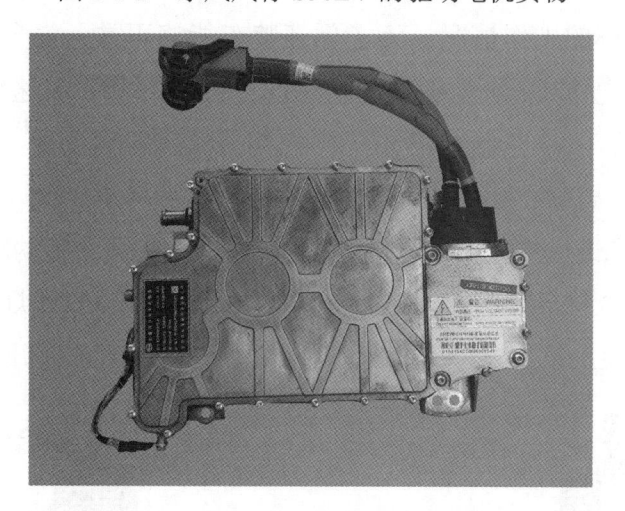

图 2-1-3　东风风行 S50EV 的驱动电机控制器实物

在纯电动汽车中，驱动电机控制器的功能是根据挡位、加速、制动等信号，将动力电池存储的电能转换为驱动电机所需的电能，从而控制车辆的起动、前行（或倒车）及爬坡等运行状态，或是辅助车辆制动，并将部分制动能量存储于动力电池中。

3．减速器

东风风行 S50EV 的减速器实物如图 2-1-4 所示。

图 2-1-4　东风风行 S50EV 的减速器实物

减速器的工作原理如下：

（1）改变动力传递方向。通过驱动控制电路控制 IGBT 的导通或断开来控制流入驱动电机的电流方向，进而控制定子旋转磁场的旋转方向，最终控制驱动电机的转动方向，实现车辆的前行或倒车。

（2）降速增矩。减速器依靠齿数少的齿轮驱动齿数多的齿轮来实现减速，这样能获得较高的输出转矩，从而获得较大的驱动力。

此外，有的减速器还能实现左右车轮的差速作用。

4．加速踏板位置传感器

在纯电动汽车的整车控制系统中，加速踏板位置传感器信号作为一个重要的输入量，用于控制驱动电机的输出转矩，从而控制纯电动汽车的动力输出。若加速踏板位置传感器信号不稳定，将直接影响整车的工作情况。为了保证整车能够正常、安全、舒适地行驶，整车控制器必须对加速踏板位置传感器信号的有效性进行有效判断。加速踏板位置传感器实物如图 2-1-5 所示。

5．制动踏板开关

制动踏板开关安装在制动踏板上，用于控制制动灯。当踩下制动踏板时，该开关被接通，制动踏板开关信号被送至整车控制器。之后，仪表板上的 READY 灯点亮（表示车辆高压电系统准备就绪，这也是换挡条件之一），制动灯同时点亮。制动踏板开关实物如图 2-1-6 所示。

图 2-1-5　加速踏板位置传感器实物

图 2-1-6　制动踏板开关实物

子任务2　驱动轴异响的检修

学习内容

以东风风行 S50EV 为例，学习驱动轴异响的检修方法。

教学用具

实训车辆（东风风行S50EV）、新能源汽车专用工具、车内防护套（地板垫、座椅套、转向盘套、变速杆套）与车外防护套（前格栅布、翼子板布）、橡胶锤、尖嘴钳等。

学习目标

1. 能简单描述驱动轴的工作原理和驱动轴异响的检修流程。
2. 能依据操作步骤在实训车辆上规范完成驱动轴的检修及更换工作。
3. 通过实训培养学生的动手操作能力，并助其养成耐心谨慎、一丝不苟、小组团结协作的职业素养。

学习建议

1. 先由教师示范正确操作，再由学生根据示范内容及作业单流程按步骤完成操作，可采用"一看，二做，三评价"的模式进行小组轮换。
2. 建议授课3课时。

诊断思路

客户向4S店反映自己驾驶的汽车出现驱动轴异响的问题。在接到故障车辆后，维修技师针对上述问题进行检修，其流程如图2-1-7所示。

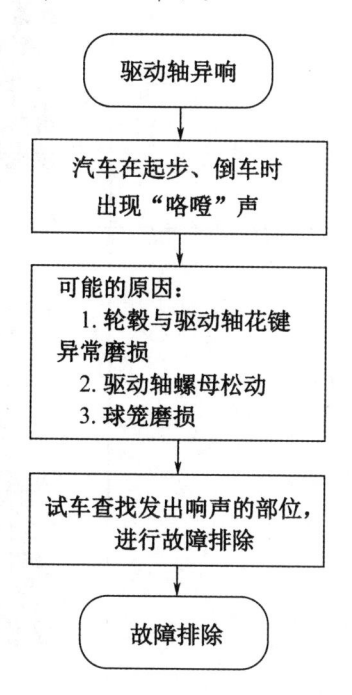

图2-1-7　驱动轴异响的检修流程

实践操作

(一) 准备		
准备车辆举升设备与工具、常用拆装工具		
(二) 故障现象确认		
试车时,整车出现振动、异响,转弯时也有异响		
(三) 驱动轴拆卸		
内容	作业	参考图片
拆卸驱动轴	将车辆停放在适合举升的位置,将车辆举升机对准车辆举升点;拉紧驻车制动手柄	
	举升车辆至适当高度并落锁,排出减速器润滑油	
	将车辆下降至初始位置	

续表

内容	作业	参考图片
拆卸驱动轴	使用扭力扳手拧松半轴锁紧螺母	
	使用扭力扳手拧松轮胎螺母。 注意：沿对角线交叉预松	
	将车辆举升至适当位置并落锁	
	拆卸车轮。 注意：拆卸轮胎时应将其稍微抬起，避免暴力拆卸损伤固定螺栓	

续表

内容	作业	参考图片
拆卸驱动轴	拆卸半轴锁紧螺母	
	使用扭力扳手松开横拉杆球头螺母	
	使用专用工具取出横拉杆球头	
	使用扭力扳手拧松下摆臂与转向节连接螺母	

续表

内容	作业	参考图片
拆卸驱动轴	松脱下摆臂球头	
	向外拉开前悬架,拆卸驱动轴外端的球笼	
	拆卸驱动轴变速器端的球笼	
	拆下驱动轴	

(四)拆卸后检查

1. 转动万向节,检查其活动是否灵活、是否出现严重松动。
2. 检查防尘套是否有裂纹、损坏和润滑脂泄漏。
3. 若出现不符合规定的状况,请更换驱动轴

续表

（五）驱动轴安装
按照与拆卸相反的顺序进行安装。 注意： ① 安装驱动轴时，若差速器侧油封发生损坏，应更换新的油封； ② 请勿重复使用不可再用的零部件（如开口销、有耳卡箍、卡簧等）； ③ 将驱动轴插入差速器时，应避免损坏油封； ④ 确认左侧的卡环已完全啮合； ⑤ 在驱动轴花键上涂抹差速器齿轮油； ⑥ 安装驱动轴前，应使卡环开口向下
（六）7S
7S 分别是整理（Seiri）、整顿（Seiton）、清扫（Seiso）、清洁（Seiketsu）、素养（Shitsuke）、安全（Safety）、节约（Saving）。 具体要求：整理工位杂物，整顿工位物品并摆放整齐，清扫实训场地，清洁实训设施设备，培养精益求精的职业素养，合理利用实训资源，节约成本、减少浪费

知识链接

驱动轴是汽车上用于传递动力的重要组成部分。在前驱汽车中，常通过轴向滑移式等速万向节和固定式等速万向节组合使用，在变速器输出轴和驱动轴存在一定夹角时实现动力的平稳传递。前驱纯电动汽车对驱动轴的动平衡要求非常高，动平衡调整不好将导致汽车产生异响，具体表现为车辆高速行驶时驱动轴产生异响。驱动轴对车辆的振动及异响水平均有重要影响。

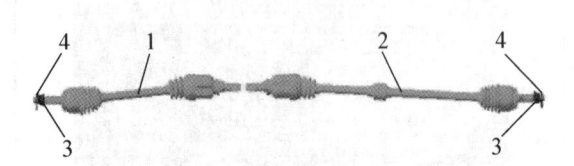

一、驱动轴结构

以东风风行 S50EV 为例，其驱动轴的结构如图 2-1-8 所示。

1—左前驱动轴总成；2—右前驱动轴总成；3，4—开口销

图 2-1-8　驱动轴的结构

二、前轮驱动桥

以东风风行 S50EV 为例，其单侧前轮驱动桥的组成部件见表 2-1-2。

表 2-1-2　单侧前轮驱动桥的组成部件

组成部件	数量
前轮驱动轴三销架万向节（内侧万向节）	1个
前轮驱动轴等速万向节（外侧万向节）	1个
前轮驱动轴	1根

前轮驱动轴负责连接前轮驱动轴三销架万向节和前轮驱动轴等速万向节。前轮驱动轴三销架万向节是完全挠性的，可以内外伸缩。前轮驱动轴等速万向节也是挠性的，但它不能内

外伸缩。

工作页

任务：驱动轴异响的检修				
任务内容：				
驱动轴的拆装与检查。				
基本要求：				
1. 能独立且正确地完成驱动轴拆装。				
2. 能对驱动轴进行外观检查。				
3. 能对驱动轴进行检测与更换				

内容	操作过程	记录与判断	
整体检查	检查防尘套表面有无漏油	□ 有	□ 无
	检查防尘套表面有无损坏	□ 有	□ 无
	检查驱动轴有无松动	□ 有	□ 无
	检查驱动轴有无明显变形	□ 有	□ 无
	试车检查球笼有无异响	□ 有	□ 无
拆卸驱动轴	注意： （1）安装顺序与拆卸顺序相反。 （2）在拆卸前排出变速器润滑油。 （3）安装好驱动轴后，记得加注变速器润滑油		
	举升车辆并落锁	□ 完成	□ 未完成
	排出变速器润滑油	□ 完成	□ 未完成
	将车辆下降至初始位置	□ 完成	□ 未完成
	拆卸半轴锁紧螺母	□ 完成	□ 未完成
	拆卸轮胎螺母并取下轮胎	□ 完成	□ 未完成
	取出横拉杆球头	□ 完成	□ 未完成
	取出下摆臂球头	□ 完成	□ 未完成
	取出驱动轴	□ 完成	□ 未完成
课后反思	请谈谈你在本次学习中收获了什么？（可以写出优点和不足）		

评价	评分项目	评分内容	配分	自评分	教师评分
	完成情况	是否在规定时间内按要求完成任务	20		
	操作工艺	操作步骤是否正确、规范	40		
	安全操作	是否文明操作，是否符合安全要求	20		
	7S 情况	是否符合整理、整顿、清扫、清洁、素养、安全和节约要求	10		
	工匠精神	是否细致认真地完成操作，是否有违反职业行为规范的情况	10		

子任务3　减速器异响的检修

学习内容

以东风风行S50EV为例，学习减速器异响的检修方法。

教学用具

实训车辆（东风风行S50EV）、新能源汽车专用工具、车内防护套（地板垫、座椅套、转向盘套、变速杆套）与车外防护套（前格栅布、翼子板布）等。

学习目标

1. 能简单描述减速器的工作原理和减速器异响的检修流程。
2. 能按照操作步骤在实训车辆上规范完成减速器的检修及更换工作。
3. 通过实训培养学生的动手操作能力，并助其养成耐心谨慎、一丝不苟、小组团结协作的职业素养。

学习建议

1. 先由教师示范正确操作，再由学生根据示范内容及作业单流程按步骤完成操作，可采用"一看，二做，三评价"的模式进行小组轮换。
2. 建议授课4课时。

诊断思路

客户向4S店反映自己驾驶的汽车出现减速器异响的问题。在接到故障车辆后，维修技师针对上述问题进行检修，其流程如图2-1-9所示。

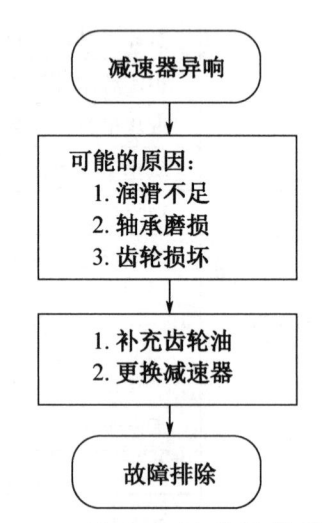

图2-1-9　减速器异响的检修流程

实践操作

（一）准备
穿戴个人高压绝缘防护用品，将车辆停放在指定工位
（二）减速器拆卸
安全检查与防护： 1. 拆卸减速器前，先拆卸半轴等相关附件。 2. 检查车辆基本情况，观察车身有无划痕、损伤等。 3. 准备要使用的工具，做好个人防护。 注意事项：拆卸减速器前须切断高压电、拔下维修开关，并断开低压蓄电池负极

内容	作业	参考图片
断电后验电	断开低压蓄电池负极后，先等待 5min，再进行验电，若一切正常，则可进行下一步作业	
举升车辆前	断开高压维修开关，等待 10min 后进行验电	
	拆卸三合一控制器上的高压插头	

续表

内容	作业	参考图片
举升车辆前	拆卸低压线束插头，断开电源线	
	拆卸车架上与高压部件连接的等电位搭铁	
	拆卸与高压部件总成相连的附件，如真空泵管路、压缩机管路固定螺栓等	
	拆卸上水管卡箍。 注意：观察机舱内影响高压部件总成的附件或连接点	

续表

内容	作业	参考图片
举升车辆前	拆卸座舱内转向柱下方万向节的紧固螺栓	
	拆卸左、右纵向稳定杆	
举升车辆后	拆卸减速器放油螺栓。 注意：用容器盛放排出的减速器润滑油	
	拆卸下水管卡箍。 注意：用容器盛放排出的冷却液	

续表

内容	作业	参考图片
举升车辆后	拆卸空调压缩机的 3 个螺栓,将它和电机分离。 注意:无须拆下空调压缩机,松开螺栓后用绳子吊住它	
	在把电动举升装置放在车底支撑元宝梁后,先分别拆卸 4 个位置的螺栓,然后降下电动举升装置,拆下减速器总成。 注意:降下电动举升装置时,须观察有无地方被勾住或刮到	
拆下减速器总成后	分离三合一高压部件,拆卸低压线束插头、水管;拆卸驱动电机与整体支架连接的 3 个犄角螺母	(a) (b) (c)

续表

内容	作业	参考图片
拆下减速器总成后	拆卸电机支架	（a） （b）
	分离驱动电机控制器与驱动电机，拆卸减速器端盖	（a） （b）

（三）拆卸后检查

1. 检查减速器是否有磨损、损坏。
2. 检查减速器润滑油内有无杂质。
3. 检查减速器润滑油有无稀释、结胶、过脏等现象

（四）减速器安装

按照与拆卸相反的顺序进行安装。

注意：添加减速器润滑油后的液位应不低于注油口下缘 5mm

（五）7S

7S 分别是整理（Seiri）、整顿（Seiton）、清扫（Seiso）、清洁（Seiketsu）、素养（Shitsuke）、安全（Safety）、节约（Saving）。

具体要求：整理工位杂物，整顿工位物品并摆放整齐，清扫实训场地，清洁实训设施设备，培养精益求精的职业素养，合理利用实训资源，节约成本、减少浪费

知识链接

一、减速器的保养

以东风风行 S50EV 为例,其减速器的保养事项如下:

(1) 每达到 40 000km 的行驶里程就更换减速器润滑油。

(2) 不同牌号的润滑油混合使用会损害减速器,应使用厂家指定型号的润滑油。

(3) 润滑油品质的好坏及油量的多少都会影响减速器的正常工作和使用寿命。

二、减速器润滑油的油量检查

在车辆行驶后驱动单元尚热时进行减速器润滑油的油量检查,具体步骤如下:

(1) 先将车辆停放在平坦的地面上,然后拉紧驻车制动手柄,确保车辆已停稳。

(2) 把变速杆置于空挡位置。

(3) 拧开驱动单元左侧的注油口螺塞,用清洁的棉布擦净注油口,目视检查润滑油的液位,应不低于注油口下缘 5mm 的位置。

若润滑油出现稀释、结胶、过脏等现象,应立即更换。

注意事项:

① 加油时,应避免液体发生泼溅,若有泼溅出来的液体,应立即擦净。

② 不同牌号的润滑油不能混合使用,以免损害减速器,应使用厂家指定型号的润滑油。

工作页

任务:减速器异响的检修

任务内容: 减速器的拆装及保养。

基本要求:

1. 能对减速器进行拆装。
2. 能独立且正确地完成减速器的检查

内容	操作过程	记录与判断		
整体检查	检查减速器外观有无渗漏、漏油现象	□ 渗漏	□ 漏油	□ 无
	检查个人防护是否到位	□ 是		□ 否
	检查是否在拆卸前切断高压电、拔下维修开关及断开低压电池负极	□ 是		□ 否
	检查是否断开低压电后等待 5min 再进行验电	□ 是		□ 否
举升车辆前	拆卸三合一控制器上的高压插头	□ 完成		□ 未完成
	拆卸低压线束插头,断开电源线	□ 完成		□ 未完成
	拆卸车架上与高压部件连接的等电位搭铁	□ 完成		□ 未完成

续表

内容	操作过程	记录与判断	
举升车辆前	拆卸与高压部件总成相连的附件，如真空泵管路、压缩机管路固定螺栓	□ 完成	□ 未完成
	拆卸上水管卡箍	□ 完成	□ 未完成
	拆卸座舱内转向柱下方万向节的紧固螺栓	□ 完成	□ 未完成
举升车辆后	拆卸左、右纵向稳定杆	□ 完成	□ 未完成
	拆卸减速器放油螺栓	□ 完成	□ 未完成
	拆卸下水管卡箍	□ 完成	□ 未完成
	分离空调压缩机和电机	□ 完成	□ 未完成
	分离三合一高压部件及低压线束插头、水管，留下驱动电机	□ 完成	□ 未完成
	分离驱动电机控制器与驱动电机	□ 完成	□ 未完成
拆下减速器总成后	检查减速器是否有磨损、损坏	□ 损坏	□ 否
	检查减速器润滑油内有无杂质	□ 有	□ 无
	检查减速器润滑油有无稀释、结胶、过脏等现象	□ 有	□ 无
课后反思	请谈谈你在本次学习中收获了什么？（可以写出优点和不足）		

评价	评分项目	评分内容	配分	自评分	教师评分
	完成情况	是否在规定时间内按要求完成任务	20		
	操作工艺	操作步骤是否正确、规范	40		
	安全操作	是否文明操作，是否符合安全要求	20		
	7S 情况	是否符合整理、整顿、清扫、清洁、素养、安全和节约要求	10		
	工匠精神	是否细致认真地完成操作，是否有违反职业行为规范的情况	10		

任务二 转向系统检修

转向系统各组成部分通过协同工作，提供转向力，控制车辆稳定性，感知前轮转向角度，从而提高车辆的转向精度和灵敏度。

良好的转向系统性能可以保证汽车正确的行驶方向。车有方向，人生也有，当代青年应树立并维护好自己的人生方向。

请大家思考自己的人生方向、当前的学习生涯规划，以及如何保证按既定的规划方向前行。

扫一扫获取学习资源

子任务1　电子助力转向系统的基础知识

学习内容

以东风风行 S50EV 为例，学习电子助力转向系统的基础知识。

教学用具

实训车辆（东风风行 S50EV）、车内防护套（地板垫、座椅套、转向盘套、变速杆套）与车外防护套（前格栅布、翼子板布）等。

学习目标

1. 掌握电子助力转向系统的组成。
2. 了解电子助力转向系统的工作原理。
3. 通过分组讨论学习，培养学生团结协作的精神。

学习建议

1. 学生可通过线上平台进行预习或复习。
2. 建议授课 1 课时。

知识链接

一、汽车转向系统的作用与类型

汽车转向系统的作用：根据交通和路况变化的需求，驾驶人通过操纵转向盘，改变汽车行驶的方向或使汽车保持直线行驶。

汽车转向系统按照动力传递形式的不同，可以分为机械液压助力转向系统、电液助力转向系统和电子助力转向系统。目前，汽车转向系统正处于从机械液压助力转向系统（见图 2-2-1）→电液助力转向系统（见图 2-2-2）→电子助力转向系统（见图 2-2-3）的过渡阶段，而新能源汽车大多采用电子助力转向系统。下面以东风风行 S50EV 为例，介绍纯电动汽车使用的电子助力转向系统。

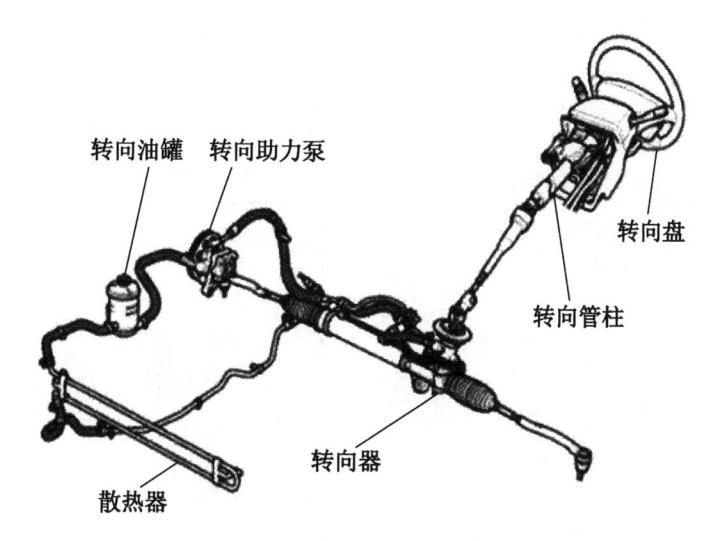

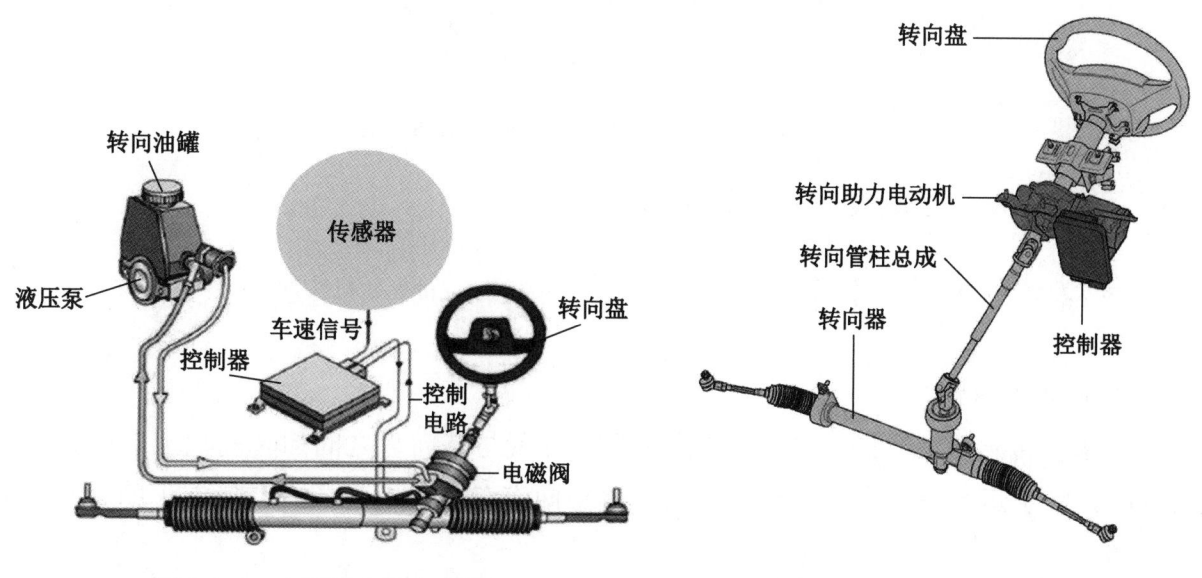

图 2-2-1 机械液压助力转向系统

图 2-2-2 电液助力转向系统

图 2-2-3 电子助力转向系统

二、电子助力转向系统的组成

电子助力转向系统主要由传感器、控制器、执行器 3 部分组成。其中,传感器主要包括转向角度传感器、转向力矩传感器、车转速传感器等。

三、电子助力转向系统的工作原理

电子助力转向系统采用控制模块代替原有的转向助力泵。当驾驶人转动转向盘时,转向力矩通过输入轴传递给扭力杆,因为扭力杆为弹性轴,相对输出轴,它会产生角位移,所以在输入轴和输出轴之间会产生角位移差,可通过传感器将其转换为电压信号并发送给控制器。控制器根据车速信号和上述电压信号,通过一定算法控制转向助力电动机电流的大小和方向,进而控制其传递给输出轴的力矩,实现不同力矩和车速下的智能助力,以获得最佳转向特性,并辅助驾驶人进行转向操纵,减轻其对转向盘的操作力。电子助力转向系统的工作原理如图 2-2-4 所示。

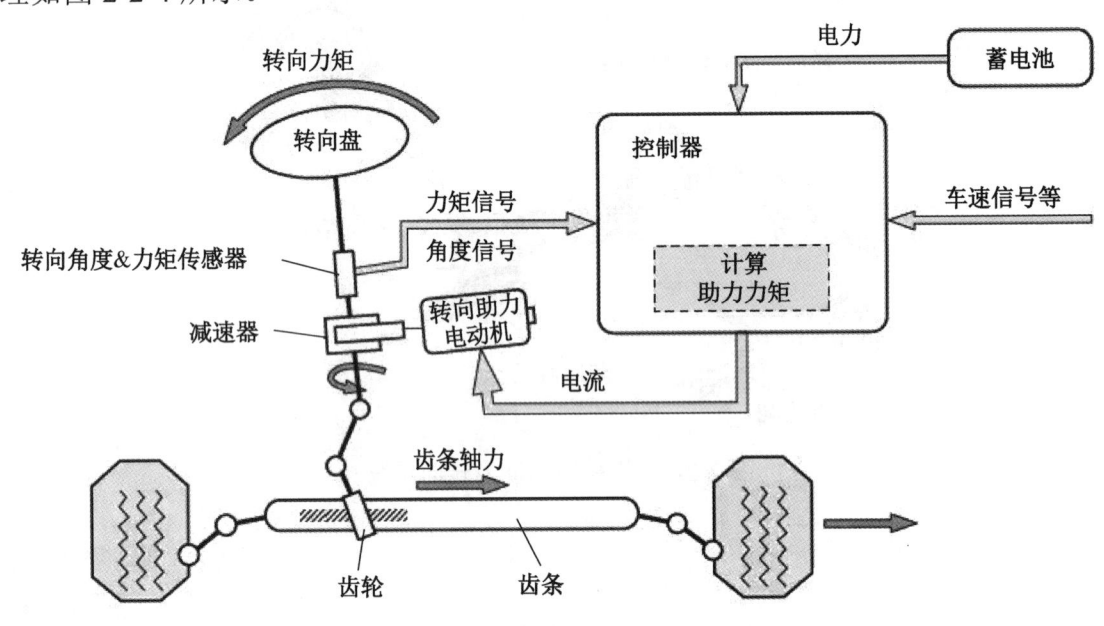

图 2-2-4 电子助力转向系统的工作原理

四、电子助力转向系统的主要部件

电子助力转向系统的主要部件包括转向角度传感器、转向力矩传感器、车速传感器、控制器及执行器。

1. 转向角度传感器

转向角度传感器(见图 2-2-5)安装在组合开关与转向盘之间的转向柱上。当该传感器失效时,紧急运行程序会立即启动,控制器会向汽车仪表发送指令,使电子助力转向故障灯常亮。

2. 转向力矩传感器

当驾驶人转动转向盘时，磁性轮也转动（传感器监测部件静止），转向力矩传感器产生交替变化的信号并发送给控制器。当转向力矩传感器失效时，控制器会根据转向角和转向助力电动机的转动角度计算助力力矩，电子助力转向故障灯也随之亮起。转向力矩传感器如图 2-2-6 所示。

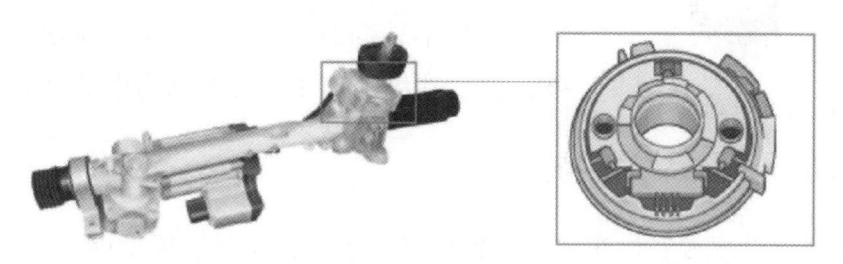

图 2-2-5　转向角度传感器

3. 车速传感器

车速传感器具有以下功能：一是检测汽车行驶速度，并把检测结果发送给汽车仪表，用于显示行驶车速；二是将检测到的车速信号发送给控制器。车速传感器如图 2-2-7 所示。

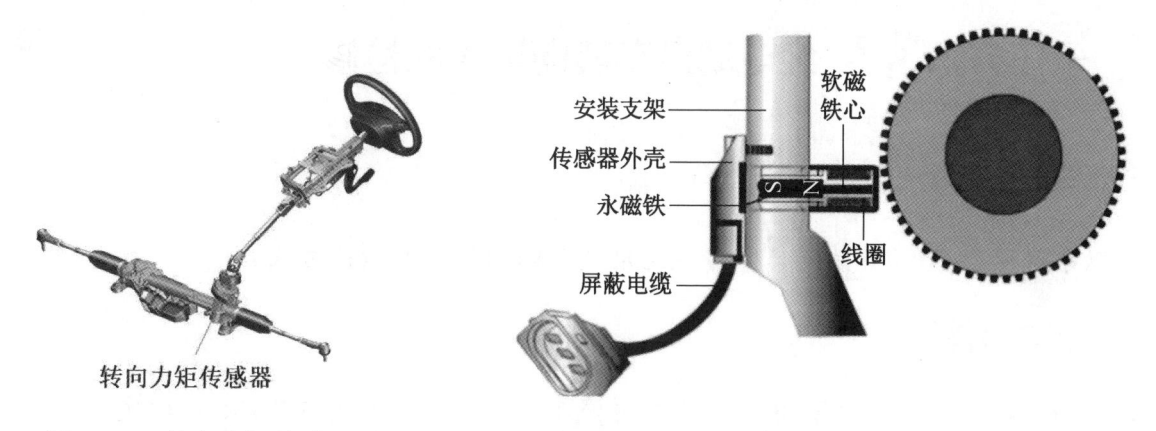

图 2-2-6　转向力矩传感器　　　　　图 2-2-7　车速传感器

4. 控制器

控制器（见图 2-2-8）是电子助力转向系统的核心部件，其作用是接收各种传感器发送的数据，通过分析计算，控制转向助力电动机工作，从而实现在汽车行驶过程中提供转向助力。

图 2-2-8　控制器

转向助力电动机

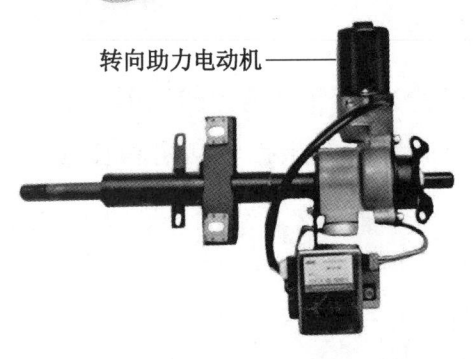

图 2-2-9　转向助力电动机

5. 执行器

电子助力转向系统中的执行器是转向助力电动机，它是一个直流电动机。控制器根据各传感器采集的数据计算助力力矩，进而控制转向助力电动机工作，实现转向助力操作。

汽车不转向时，控制器不向转向助力电动机发送指令，该电动机不工作。转向助力电动机如图 2-2-9 所示。

五、电子助力转向系统的特点

（1）转向助力电动机仅在汽车转向时提供转向助力，可显著降低能耗。

（2）转向助力可通过软件调节，既能兼顾低速时的转向轻便性，又能兼顾高速时的操纵稳定性，并且具有良好的扶正性能。

（3）结构紧凑、质量小，在生产线上完成组装，方便维修。

（4）通过程序设置，电子助力转向系统易于与不同车型匹配，从而缩短生产开发周期。

子任务2　纯电动汽车转向沉重的检修

学习内容

以东风风行 S50EV 为例，学习纯电动汽车转向沉重的检修方法。

教学用具

实训车辆（东风风行 S50EV）、新能源汽车专用工具、车辆举升机、四轮定位仪、故障诊断仪、胎压表、打气泵、车内防护套（地板垫、座椅套、转向盘套、变速杆套）与车外防护套（前格栅布、翼子板布）等。

学习目标

1. 能简单描述电子助力转向系统的工作原理和车辆转向沉重的检修流程。
2. 按照操作步骤，在实训车辆上规范排除转向沉重的故障。
3. 通过实训培养学生的动手操作能力，并助其养成耐心谨慎、一丝不苟、小组团结协作的职业素养。

学习建议

1. 先由教师示范正确操作，再由学生根据示范内容及作业单流程按步骤完成操作，可采用"一看，二做，三评价"的模式进行小组轮换。

2. 建议授课 3 课时。

诊断思路

客户向 4S 店反映自己驾驶的汽车出现转向沉重的问题。在接到故障车辆后，维修技师针对上述问题进行检修，发现转向故障指示灯亮起，遂读取故障码，以找到相应故障件，其流程如图 2-2-10 所示。

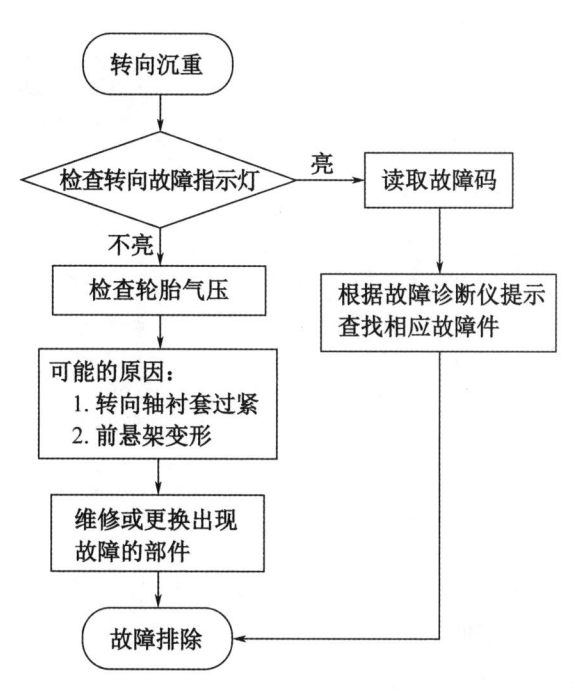

图 2-2-10　车辆转向沉重的检修流程

实践操作

（一）准备		
安装车内外护套及车轮挡块； 测量蓄电池电压，作为判断故障的基准		
（二）故障现象确认		
内容	作业	参考图片
试车	在汽车行驶过程中，电子助力转向系统无法协助驾驶人进行转向操纵，造成汽车转向沉重	

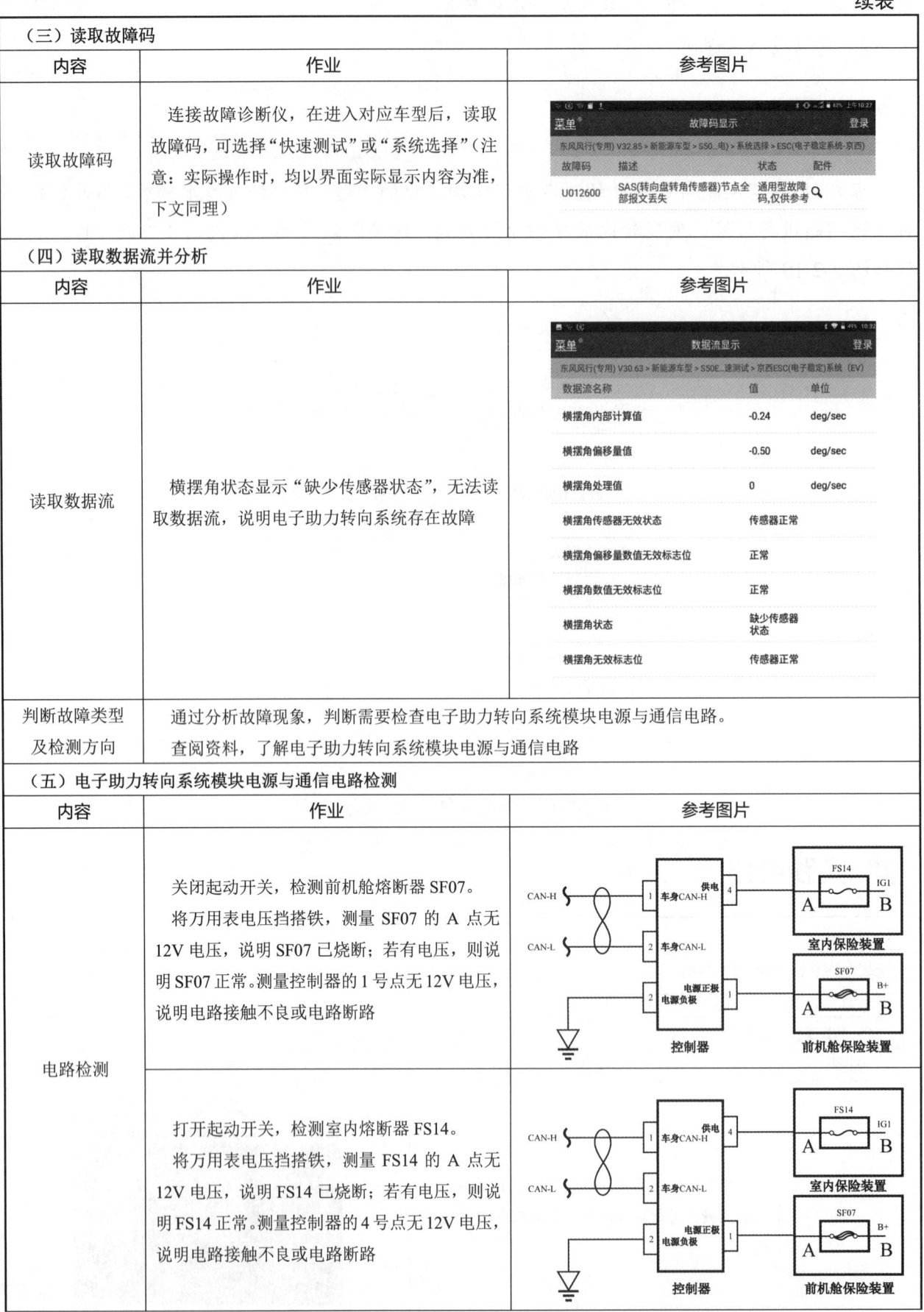

续表

（三）读取故障码

内容	作业	参考图片
读取故障码	连接故障诊断仪，在进入对应车型后，读取故障码，可选择"快速测试"或"系统选择"（注意：实际操作时，均以界面实际显示内容为准，下文同理）	故障码显示界面：东风风行(专用) V32.85 > 新能源车型 > S50_电) > 系统选择 > ESC(电子稳定系统-京西)；故障码 U012600，描述：SAS(转向盘转角传感器)节点全部报文丢失，状态：通用型故障码，仅供参考

（四）读取数据流并分析

内容	作业	参考图片
读取数据流	横摆角状态显示"缺少传感器状态"，无法读取数据流，说明电子助力转向系统存在故障	数据流显示界面：东风风行(专用) V30.63 > 新能源车型 > S50E_速测试 > 京西ESC(电子稳定)系统 (EV)；横摆角内部计算值 -0.24 deg/sec；横摆角偏移量值 -0.50 deg/sec；横摆角处理值 0 deg/sec；横摆角传感器无效状态 传感器正常；横摆角偏移量数值无效标志位 正常；横摆角数值无效标志位 正常；横摆角状态 缺少传感器状态；横摆角无效标志位 传感器正常
判断故障类型及检测方向	通过分析故障现象，判断需要检查电子助力转向系统模块电源与通信电路。查阅资料，了解电子助力转向系统模块电源与通信电路	

（五）电子助力转向系统模块电源与通信电路检测

内容	作业	参考图片
电路检测	关闭起动开关，检测前机舱熔断器 SF07。将万用表电压挡搭铁，测量 SF07 的 A 点无 12V 电压，说明 SF07 已烧断；若有电压，则说明 SF07 正常。测量控制器的 1 号点无 12V 电压，说明电路接触不良或电路断路	电路图：CAN-H、CAN-L 接至控制器车身CAN-H、车身CAN-L；电源正极、电源负极；FS14 接 IG1 室内保险装置；SF07 接 B+ 前机舱保险装置
	打开起动开关，检测室内熔断器 FS14。将万用表电压挡搭铁，测量 FS14 的 A 点无 12V 电压，说明 FS14 已烧断；若有电压，则说明 FS14 正常。测量控制器的 4 号点无 12V 电压，说明电路接触不良或电路断路	电路图：CAN-H、CAN-L 接至控制器车身CAN-H、车身CAN-L；电源正极、电源负极；FS14 接 IG1 室内保险装置；SF07 接 B+ 前机舱保险装置

续表

内容	作业	参考图片
电路检测	若上述检测结果均不正常,则应进一步检查线束插接器或电路等的连接情况	

(六)排除故障

更换故障件或处理相应故障部位

(七)验证

内容	作业	参考图片
读取数据流	将转向盘向左转至极限位置时的数据流: CAN 上 SAS(转角传感器)数值为-600°,内部算法得到的数值为601.50°	
	转向盘位于中间位置时的数据流: CAN 上 SAS(转角传感器)数值为0°,内部算法得到的数值为1.5°	

续表

内容	作业	参考图片
读取数据流	将转向盘向右转至极限位置时的数据流：CAN 上 SAS（转角传感器）数值为 610°，内部算法得到的数值为-608.5°	CAN上SAS(转角传感器)数值 610 deg 内部算法得到数值 -608.50 deg 对中失败、节点丢失、偏移量过大，所有会置失效的条件综合的标志位 传感器正常 转向传感器对中校验失败标志位 传感器正常 转向角度偏移量无效标志位 传感器正常 转向角对中标志位 否 转向角度偏移量值 0 deg

（八）确认及恢复车辆

试车时，汽车已无转向沉重的问题，证明电子助力转向系统恢复正常

（九）7S

7S 分别是整理（Seiri）、整顿（Seiton）、清扫（Seiso）、清洁（Seiketsu）、素养（Shitsuke）、安全（Safety）、节约（Saving）。
具体要求：整理工位杂物，整顿工位物品并摆放整齐，清扫实训场地，清洁实训设施设备，培养精益求精的行为规范，合理利用实训资源，节约成本、减少浪费

知识链接

一、东风风行 S50EV 电子助力转向系统的工作原理

东风风行 S50EV 电子助力转向系统的工作原理如图 2-2-11 和图 2-2-12 所示。

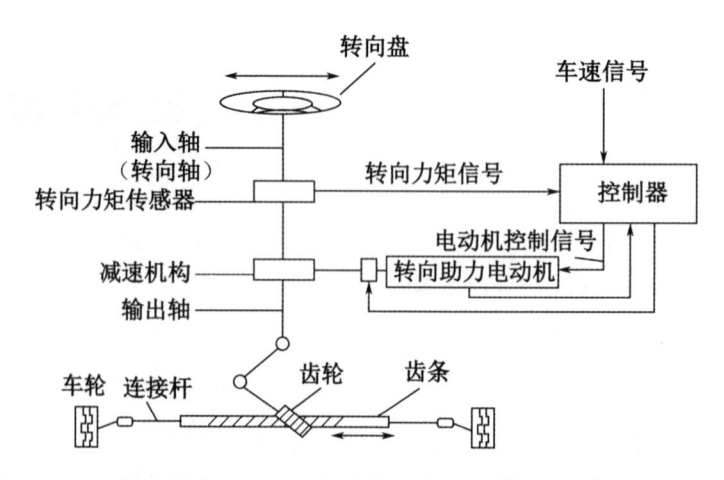

图 2-2-11　东风风行 S50EV 电子助力转向系统的工作原理（一）

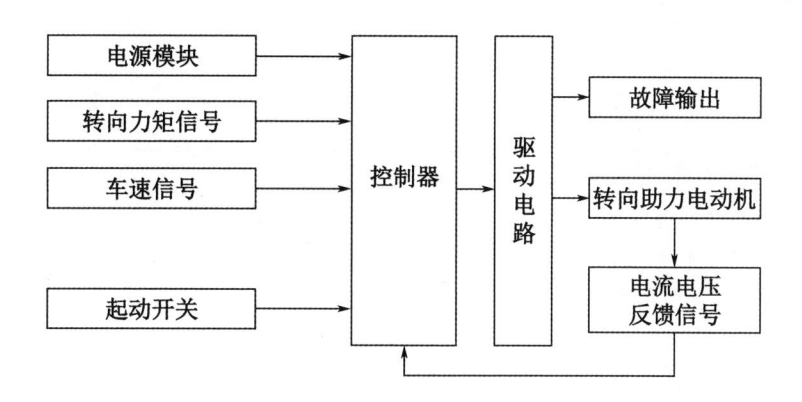

```
电源模块     ──┐
转向力矩信号 ──┤
车速信号     ──┼─→ 控制器 ─→ 驱动电路 ─┬─→ 故障输出
              │                        ├─→ 转向助力电动机
起动开关     ──┘                        └─→ 电流电压反馈信号
```

图 2-2-12　东风风行 S50EV 电子助力转向系统的工作原理（二）

二、东风风行 S50EV 转向沉重的故障原因

东风风行 S50EV 之所以出现转向沉重，是因为它的电子助力转向系统出现故障，而造成电子助力转向系统故障的原因主要有以下 3 方面：

（1）转向助力油缺失或是过了更换周期。

（2）车辆的胎压过低。

（3）电子助力转向系统出现漏油。

三、东风风行 S50EV 转向沉重的故障分析

在汽车行驶过程中，传感器向控制器发送各种信号，用于计算及控制助力力矩的大小和方向，从而辅助驾驶人进行转向操作。如果这些信号无法生成或发送，则会使转向助力电动机无法正常工作，进而造成汽车转向沉重。具体的故障点如下：

（1）车速传感器出现故障。

（2）控制模块出现故障，如控制器。

（3）转向力矩传感器出现故障。

四、东风风行 S50EV 转向沉重的故障排除

故障检测流程：发现车辆转向沉重→检查车速传感器发出的信号有无失准→检查控制模块发出的信号有无失准→检查转向力矩传感器有无故障→检查控制模块各插头之间的接触是否正常→检查电源与控制模块之间有无断路或者接触不良。

根据上述检测流程对电子助力转向系统进行检测，在找到具体故障点后，对相应故障部件进行更换或维修，并通过试车确认故障是否完全排除。

工作页

任务：电子助力转向系统的检修

任务内容：
1. 电子助力转向系统的机械部分检查。
2. 电子助力转向系统的电路部分检查。

基本要求：
1. 能掌握电子助力转向系统的工作原理。
2. 能正确使用四轮定位仪及车辆举升机。
3. 能对电子助力转向系统的外观进行检查。
4. 能对电子助力转向系统的电路进行检修

内容	操作过程	记录与判断	
整体检查	检查前轮两侧胎压情况	□ 正常	□ 异常
	检查前轮定位情况	□ 正常	□ 异常
	检查转向管柱	□ 完好	□ 变形
	检查转向拉杆系统	□ 完好	□ 磨损
	检查控制器线束	□ 完好	□ 松动
	检查蓄电池正、负极接头	□ 完好	□ 松动
用故障诊断仪读取故障码与数据流	注意： （1）正确选择车型。 （2）正确选择系统读取故障码。 （3）正确选择系统读取数据流		
	控制器供应电压：_____V	□ 完成	□ 未完成
	控制器电流：_____A	□ 完成	□ 未完成
	转向盘转角：_____deg	□ 完成	□ 未完成
	控制器内部温度：_____℃	□ 完成	□ 未完成
	转向输入力矩：_____N·m	□ 完成	□ 未完成
	车速：_____km/h	□ 完成	□ 未完成
	转向角速度：_____deg/s	□ 完成	□ 未完成
测量相关熔断器	（1）测量20号熔断器输入端对地电压为_____V	□ 正常	□ 损坏
	（2）测量20号熔断器输出端对地电压为_____V	□ 正常	□ 损坏
	（3）测量20号熔断器的电阻为_____Ω	□ 正常	□ 损坏
课后反思	请谈谈你在本次学习中收获了什么？（可以写出优点和不足）		

	评分项目	评分内容	配分	自评分	教师评分
评价	完成情况	是否在规定时间内按要求完成任务	20		
	操作工艺	操作步骤是否正确、规范	40		
	安全操作	是否文明操作，是否符合安全要求	20		
	7S情况	是否符合整理、整顿、清扫、清洁、素养、安全和节约要求	10		
	工匠精神	是否细致认真地完成操作，是否有违反职业行为规范的情况	10		

任务三 制动系统检修

在检修车辆的过程中,对车辆情况的正确分析与判断源于每一种工量具的正确使用与每一个数据的精准测量。

在工作中是否足够认真、严谨,决定了每一项任务能否顺利完成。

通过在不同任务的实践操作中磨练技艺,培养大家精益求精的工匠精神。

扫一扫获取学习资源

子任务1 电子控制制动系统的基础知识

学习内容

以东风风行 S50EV 为例,学习电子控制制动系统的基础知识。

教学用具

实训车辆(东风风行 S50EV)、车内防护套(地板垫、座椅套、转向盘套、变速杆套)与车外防护套(前格栅布、翼子板布)等。

学习目标

1. 掌握汽车制动系统的定义和分类。
2. 了解新能源汽车制动系统与传统汽车制动系统的不同。
3. 通过分组讨论学习,培养学生团结协作的精神。

学习建议

1. 学生可通过线上平台进行预习或复习。
2. 建议授课1课时。

知识链接

一、汽车制动系统概述

为了保证汽车安全行驶,同时提高汽车的平均行驶速度以提高其运输生产率,各种类型的汽车上都设有专用制动机构,即制动系统。

汽车制动系统按照作用不同,可以分为行车制动系统、驻车制动系统和辅助制动系统。其中,行车制动系统的作用是使行驶中的汽车减速甚至停车,制动器安装在汽车的全部车轮上;驻车制动系统的作用是使已停驶的汽车驻留原地不动;辅助制动系统的作用是在行车过程中降低车速或保持车速稳定,但不能使汽车紧急停车。汽车制动系统的组成如图 2-3-1 所示。

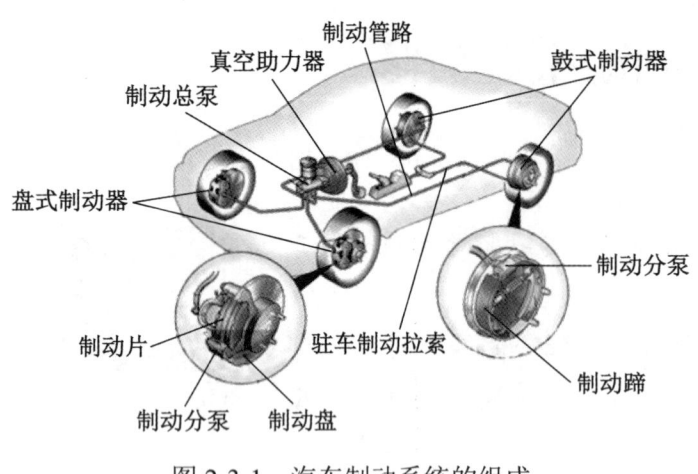

图 2-3-1 汽车制动系统的组成

二、电子控制制动系统

电子控制制动系统（Electronic Braking System,EBS）是在防抱死制动系统（ABS）与电子稳定程序（ESP）的基础上升级得到的系统。其作用主要是减少制动系统的响应时间和建压时间,并实现整车电子制动力的分配,从而缩短汽车的制动距离,提高汽车的制动性能。

EBS 的工作原理：当驾驶人踩下制动踏板时,制动踏板传感器将获得的踏板行程信号发送给电控单元（ECU）,用于识别车辆制动需求,轮速传感器和磨损传感器也将轮速信号和摩擦片磨损状态信号发送给 ECU,ECU 通过处理这些信号,根据相应的控制策略进行计算并输出一定的指标压力值,最后通过比例继动阀、ABS 电磁阀、备压阀和桥控调节器来控制车轮的制动。EBS 的组成如图 2-3-2 所示。

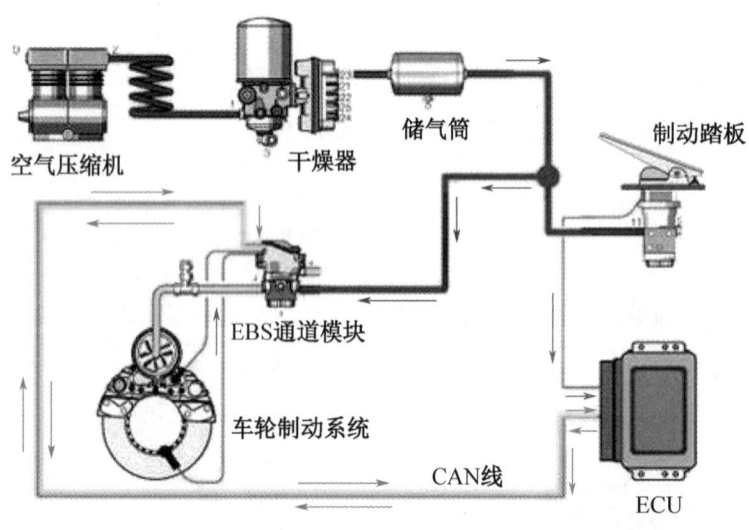

图 2-3-2 EBS 的组成

三、带真空助力器的制动系统

当驾驶人踩下制动踏板时,真空助力器起作用,辅助推动制动总泵的活塞,导致制动总泵中的液压升高,液压通过制动管路传递到各个车轮的制动分泵中,分泵活塞在液压作用下推动制动片/制动蹄压向制动盘/制动鼓,摩擦作用将车轮旋转的动能转化为热能,从而使汽车减速或停车。带真空助力器制动系统的组成如图 2-3-3 所示。

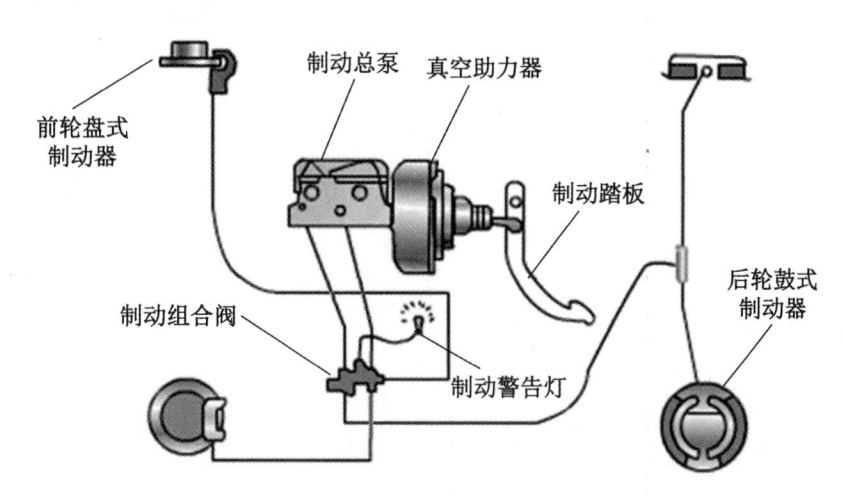

图 2-3-3 带真空助力器制动系统的组成

四、新能源汽车制动系统与传统汽车制动系统的不同

传统汽车的制动系统主要由制动踏板、制动总泵、真空助力器、ABS、制动分泵和制动器等组成。而新能源汽车的制动系统是在传统汽车制动系统的基础上,新增了电动真空泵和真空度传感器。

传统燃油汽车的真空助力器需要由发动机进气歧管来提供真空环境,而新能源汽车没有发动机,也就无法提供真空环境,因此需要安装真空泵,并将其管道直接连接真空助力器。当驾驶人踩下制动踏板时,真空泵无法立即产生所需的真空度,因而需要在真空助力器上安装真空度传感器,以便在车辆运行时随时检测真空助力器的真空度。当检测到其真空度不足时,真空泵须立即运行,以提供所需的真空度。

五、再生反馈制动能量回收系统

(一)新能源汽车能量回收方式

由于传统燃油汽车的机械结构复杂、动力传递路线长,导致其热效率不足 50%,大部分能量在动力传递过程中以"热"的形式损失掉。新能源汽车则具有结构简单、电能转化效率高的独特优势。为了进一步提高新能源汽车的能量利用率,能量回收系统逐渐成为新能源汽车的标配。新能源汽车能量回收方式一般可以分为液压储能、起停系统、飞轮储能及制动能量回收4种。其中，液压储能与起停系统在传统燃油汽车上已经得到应用；飞轮储能由于能量密度低、自放电率高，目前尚未能广泛应用于新能源汽车上；制动能量回收则是新能源汽车常用的能量回收方式，它主要通过回收车辆在制动或惯性作用下释放的多余能量，并利用电机将机械能转化为电能储存在蓄电池中，提高新能源汽车的续航能力，如图2-3-4所示。

图2-3-4 制动能量回收原理示意图

相关试验证明，新能源汽车采用制动能量回收方式，可使车辆动力能源的利用率提高10%～20%，有效增加了车辆的续驶里程。

（二）再生制动结构

再生反馈制动能量回收系统的结构决定了能量回收总量。相较于新能源汽车，在传统燃油汽车制动过程中，制动片与制动盘之间的摩擦力将直接使机械能转化为热能，不具备制动能量回收功能。新能源汽车因增设的制动能量回收系统具有反馈机制，能够有效调配制动力和驱动力的大小，从而达到节能降耗的目的。在汽车减速时，驱动电机执行反馈制动，此时的能量转换具有补给特性，即多余电能将储存在制动能量回收系统中，从而减少制动盘与制动片之间的机械能损耗，降低热量散失，同时确保制动摩擦副的温度峰值不会过高，大大降低发生制动失效的概率，从而提升了制动安全性与可靠性。再生反馈制动能量回收系统持续工作，能够显著提升新能源汽车的续航能力。目前，主流的新能源汽车制造商多采用以下再生制动结构：负责稳定供电和存储电能的蓄电池、具有反馈机制且有效回收电能的驱动电机、用于分配驱动力与制动力的控制器、电流转换器及动力传动系统等。汽车行驶状态的能量转换方向如图2-3-5所示，汽车制动状态的能量转换方向如图2-3-6所示。

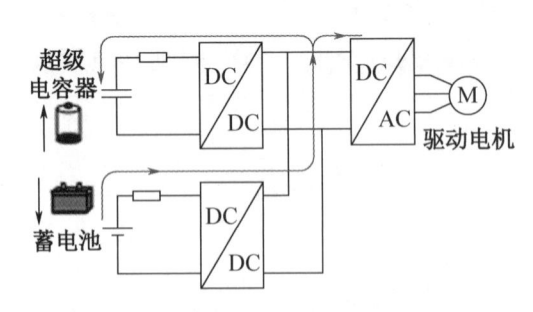

图2-3-5 汽车行驶状态的能量转换方向 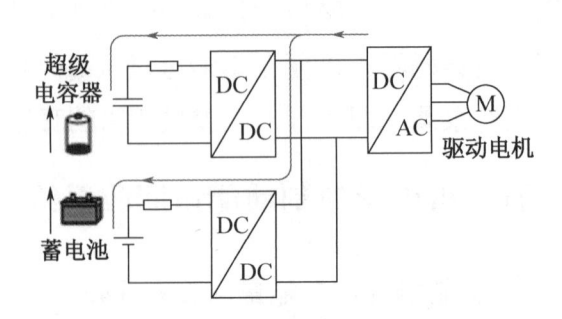　　图2-3-6 汽车制动状态的能量转换方向

（三）新能源汽车制动能量回收的意义

开发制动能量回收技术是为了降低新能源汽车在制动过程中的能量损失，以达到提高其

续航能力的目的。但就目前的技术水平而言，制动能量回收与汽车其他性能实现完美协调仍有一定难度，往往需要通过牺牲某些性能来提高能量回收率。对于大多数的驾驶人而言，高强度能量回收产生的"强制制动"并非最佳选择，顺畅的滑行才是其所需的驾驶感受。虽然当前的制动能量回收技术还存在一些不足，但是对于新能源汽车提高其续航能力仍然有很大的意义。

（四）制动能量回收要求

制动能量回收有两个基本原则：一是确保汽车安全行驶，尽量使汽车制动过程符合传统驾驶习惯；二是最大限度地回收制动能量。为了使制动能量回收系统更好地完成汽车制动与制动能量回收的双重任务，应满足下述要求：

（1）制动稳定性。为了保证车辆制动安全，在增加制动能量回收系统后，不仅要避免出现后轮先抱死的危险工况，还要尽量避免前轮先抱死，以保证车辆的转向能力；同时应确保前、后轮均有足够的制动效率，以保证足够的制动效能。

（2）制动平顺性。在满足车辆制动需求的条件下，机械摩擦制动应根据电子制动力的大小进行调整，以保证驾驶人拥有良好的驾驶体验。

（3）能量回收率。在保证制动稳定性与平顺性的前提下，通过设置适当的再生制动控制策略，尽可能多地回收制动能量。

子任务2　汽车制动失效的检修

学习内容

以东风风行S50EV为例，学习汽车制动失效的检修方法。

教学用具

实训车辆（东风风行S50EV）、新能源汽车专用工具、车内防护套（地板垫、座椅套、转向盘套、变速杆套）与车外防护套（前格栅布、翼子板布）、车轮挡块等。

学习目标

1. 能熟练描述汽车制动失效的检修流程。
2. 能独立完成电动真空泵的更换。
3. 通过实训培养学生的动手操作能力，并助其养成耐心谨慎、一丝不苟、小组团结协作的职业素养。

学习建议

1. 先由教师示范正确操作，再由学生根据示范内容及作业单流程按步骤完成操作，可采用"一看，二做，三评价"的模式进行小组轮换。
2. 建议授课 3 课时。

诊断思路

客户向 4S 店反映自己驾驶的汽车出现制动失效的问题。在接到故障车辆后，维修技师检查制动液的液位正常，但在踩下 5~8 次制动踏板后阻力无变化，由此判断可能是电动真空泵或真空管路出现问题，遂进行检修，其流程如图 2-3-7 所示。

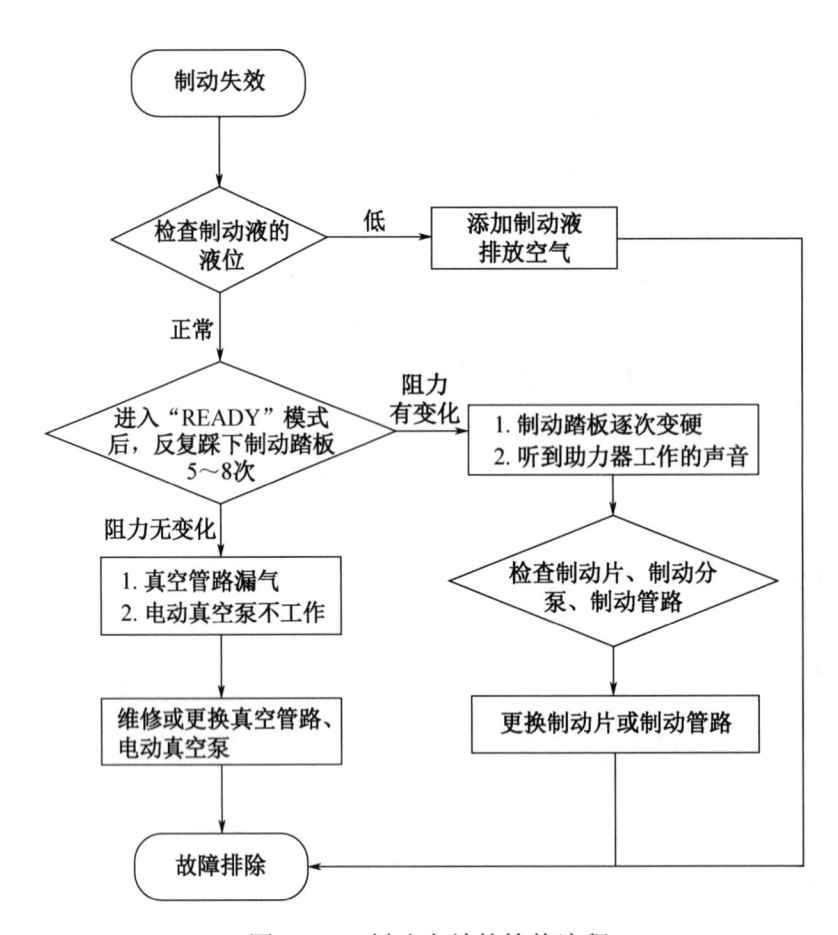

图 2-3-7　制动失效的检修流程

实践操作

（一）准备

准备车内防护套（地板垫、座椅套、转向盘套、变速杆套）与车外防护套（前格栅布、翼子板布）及车轮挡块、故障诊断仪、万用表、2套新能源汽车专用工具。

（二）切断电源

内容	作业	参考图片
关闭起动开关	将起动开关置于"OFF"位后，中控显示屏黑屏	

（三）拆装操作

内容	作业	参考图片
拆卸电动真空泵	使用专用工具断开低压蓄电池负极	
	断开电动真空泵驱动电机插接器	
	拆卸电动真空泵的真空管	

续表

内容	作业	参考图片
拆卸电动真空泵	使用专用扳手拧下电动真空泵的固定螺栓后，拆下电动真空泵	

（四）安装操作

内容	作业	参考图片
安装电动真空泵	按照与拆卸相反的顺序进行安装	

（五）验证

内容	作业	参考图片
读取关键数据流	打开起动开关，连接故障诊断仪，读取电动真空泵相关数据流：未踩下制动踏板时，电动真空泵不工作，真空泵继电器显示无效	真空泵继电器　无效 真空压力传感器供电使能信号　有效 真空压力传感器供电反馈　5.00　V

续表

内容	作业	参考图片
读取关键数据流	打开起动开关，连接故障诊断仪，读取电动真空泵相关数据流：踩下制动踏板后，电动真空泵工作，真空泵继电器显示有效	数据流显示：真空泵继电器 有效；真空压力传感器供电使能信号 有效；真空压力传感器供电反馈 5.00 V

（六）确认及恢复车辆

试车时，多次踩下制动踏板，电动真空泵能正常工作

（七）7S

7S 分别是整理（Seiri）、整顿（Seiton）、清扫（Seiso）、清洁（Seiketsu）、素养（Shitsuke）、安全（Safety）、节约（Saving）。具体要求：整理工位杂物，整顿工位物品并摆放整齐，清扫实训场地，清洁实训设施设备，培养精益求精的职业素养，合理利用实训资源，节约成本、减少浪费

知识链接

由于新能源汽车取消了发动机，由发动机驱动的真空助力源随之消失，为了保证良好的制动性能，必须增设一套电动真空助力系统，如图 2-3-8 所示。

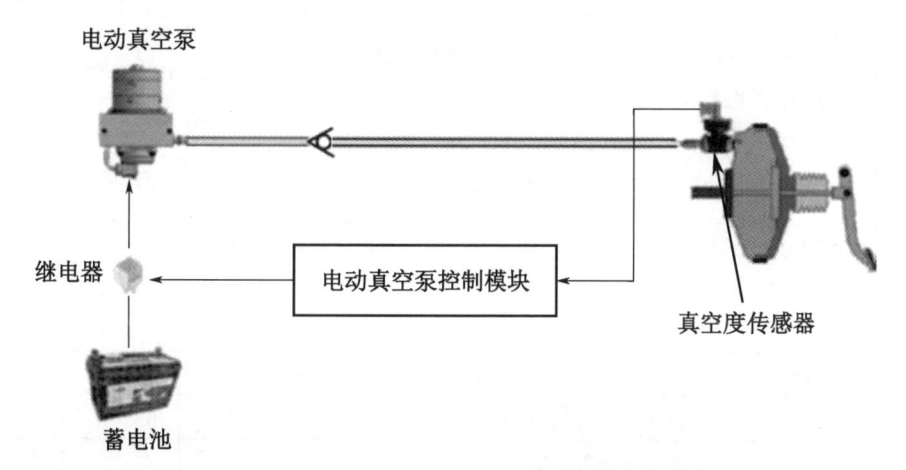

图 2-3-8　电动真空助力系统

电动真空泵作为真空源，它与真空助力器之间设有真空储气罐，用于确保车辆的连续制动性能，并可延长电动真空泵的使用寿命。电动真空泵控制模块集成在整车控制器中，通过真空度传感器检测的真空度信号控制电动真空泵工作。车辆起动后，真空度传感器监测真空助力器外侧管路中的真空度，若其值低于设定的下限值，电动真空泵立即起动；在真空度达到设定的上限值后，电动真空泵停止工作。在车辆行驶过程中，当驾驶人踩下制动踏板后，由于真空助力器的膜片压缩真空室，助力系统的容积变小，根据理想气体定律，真空助力器及真空储气罐的压强变大，即真空度下降，当真空度低于电动真空泵工作的下限值时，电动真空泵起动，为助力系统产生真空。

工作页

任务：汽车制动失效的检修

任务内容：
1. 排查汽车制动失效的故障。
2. 更换电动真空泵。

基本要求：
1. 能掌握电动真空泵的更换流程。
2. 能正确使用四轮定位仪及车辆举升机

内容	操作过程	记录与判断	
检查	将起动开关置于"OFF"后，观察中控显示屏的状态	□ 黑屏	□ 正常
	断开低压蓄电池负极	□ 完成	□ 未完成
	断开电动真空泵驱动电机插接器	□ 完成	□ 未完成
拆卸及安装电动真空泵	拆卸电动真空泵的真空管	□ 完成	□ 未完成
	拆下电动真空泵的固定螺栓	□ 完成	□ 未完成
	拆下电动真空泵	□ 完成	□ 未完成
	按照与拆卸相反的顺序安装电动真空泵	□ 完成	□ 未完成
验证	打开起动开关，连接故障诊断仪，读取未踩下制动踏板时的电动真空泵相关数据流	真空泵继电器：____ 真空压力传感器供电使能信号：____ 真空泵压力传感器供电反馈：____V	
	打开起动开关，连接故障诊断仪，踩下制动踏板，读取电动真空泵相关数据流	真空泵继电器：____ 真空压力传感器供电使能信号：____ 真空泵压力传感器供电反馈：____V	
确认及恢复车辆	多次踩下制动踏板，检查电动真空泵是否工作	□ 正常	□ 异常
课后反思	请谈谈你在本次学习中收获了什么？（可以写出优点和不足）		

评价	评分项目	评分内容	配分	自评分	教师评分
	完成情况	是否在规定时间内按要求完成任务	20		
	操作工艺	操作步骤是否正确、规范	40		
	安全操作	是否文明操作，是否符合安全要求	20		

续表

	评分项目	评分内容	配分	自评分	教师评分
评价	7S 情况	是否符合整理、整顿、清扫、清洁、素养、安全和节约要求	10		
	工匠精神	是否细致认真地完成操作,是否有违反职业行为规范的情况	10		

子任务3　电子驻车制动的检修

学习内容

以东风风行 S50EV 为例,学习电子驻车制动的检修方法。

教学用具

实训车辆(东风风行 S50EV)、新能源汽车专用工具、车内防护套(地板垫、座椅套、转向盘套、变速杆套)与车外防护套(前格栅布、翼子板布)、车轮挡块等。

学习目标

1. 能简单描述电子驻车制动系统的工作原理。
2. 能根据操作步骤在实训车辆上规范完成电子驻车制动的检修工作。
3. 通过实训培养学生的动手操作能力,并助其养成耐心谨慎、一丝不苟、小组团结协作的职业素养。

学习建议

1. 先由教师示范正确操作,再由学生根据示范内容及作业单流程按步骤完成操作,可采用"一看,二做,三评价"的模式进行小组轮换。
2. 建议授课2课时。

诊断思路

客户向 4S 店反映自己驾驶的汽车出现驻车制动问题(该车采用电子驻车制动)。在接到故障车辆后,维修技师针对该问题进行检修,其流程如图 2-3-9 所示。

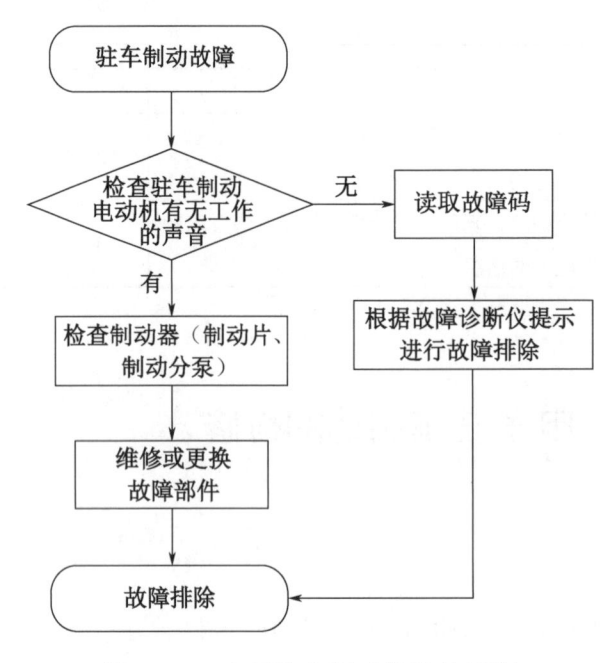

图 2-3-9 电子驻车制动的检修流程

实践操作

（一）准备
准备车内防护套（地板垫、座椅套、转向盘套、变速杆套）与车外防护套（前格栅布、翼子板布）及车轮挡块、故障诊断仪、万用表、2套新能源汽车专用工具

（二）基本检查

内容	作业	参考图片
检查低压蓄电池连接情况	检查低压蓄电池的电压是否在规定范围内及其正、负极柱的导线连接是否牢固可靠	

（三）故障现象确认

内容	作业	参考图片
看现象、听声音	上电观察中控显示屏上的故障指示灯是点亮，如果有故障指示灯点亮，则说明相应系统存在故障	

续表

内容	作业	参考图片
看现象、听声音	将车辆平稳停在路面上,启动电子驻车制动功能,将变速杆置于空挡位置,向前或向后推动车辆,检查车轮能否滚动,若其可以滚动,则说明电子驻车制动系统存在故障	

(四)读取故障码

内容	作业	参考图片
读取故障码	打开或关闭电子驻车开关,若没有听到驻车制动电动机工作的声音,则应使用故障诊断仪读取故障码	
	连接故障诊断仪,选择对应车型,读取故障码。可选择"快速测试"或"系统选择"	

续表

内容	作业	参考图片
读取故障码	故障码显示U012000,代表电子驻车制动（EPB）系统节点丢失（注意：实际操作时，应以界面实际显示内容为准，下文同理）	

（五）测量与修复

内容	作业	参考图片
测量	用万用表电压挡测量30A熔断器输入端与输出端对地电压,应为12V；用万用表电阻挡测量该熔断器的电阻,应小于1Ω。 若不符合上述测量结果,应更换保险装置	
修复	更换故障件或处理相应故障部位	

续表

（六）读取数据流并分析

内容	作业	参考图片
读取电子驻车制动系统数据流	进入电子驻车制动（EPB）系统的数据流显示界面，读取相关数据流	数据流显示 左电机电压　0　V 左电机运行电流　12.10　A 目标夹紧力　17　kN 左侧夹紧力　17　kN EPB开关状态　应用 左执行机构状态　应用(完全应用)
判断故障类型及方向	关闭电子驻车开关的数据流：<table><tr><th>数据流名称</th><th>值</th><th>单位</th></tr><tr><td>左电机运行电流</td><td>0</td><td>A</td></tr><tr><td>目标夹紧力</td><td>17</td><td>kN</td></tr><tr><td>左侧夹紧力</td><td>17</td><td>kN</td></tr><tr><td>EPB开关状态</td><td>释放</td><td></td></tr></table>	数据流显示 左电机电压　0　V 左电机运行电流　0　A 目标夹紧力　17　kN 左侧夹紧力　17　kN EPB开关状态　释放 左执行机构状态　应用(完全应用)
	驻车状态数据流：<table><tr><th>数据流名称</th><th>值</th><th>单位</th></tr><tr><td>左电机运行电流</td><td>12.10</td><td>A</td></tr><tr><td>目标夹紧力</td><td>17</td><td>kN</td></tr><tr><td>左侧夹紧力</td><td>17</td><td>kN</td></tr><tr><td>EPB开关状态</td><td>应用</td><td></td></tr></table>	数据流显示 左电机电压　0　V 左电机运行电流　12.10　A 目标夹紧力　17　kN 左侧夹紧力　17　kN EPB开关状态　应用 左执行机构状态　应用(完全应用)
	未驻车或驻车状态失效数据流：<table><tr><th>数据流名称</th><th>值</th><th>单位</th></tr><tr><td>左电机运行电流</td><td>0</td><td>A</td></tr><tr><td>目标夹紧力</td><td>17</td><td>kN</td></tr><tr><td>左侧夹紧力</td><td>17</td><td>kN</td></tr><tr><td>EPB开关状态</td><td>空挡</td><td></td></tr></table>	数据流显示 左电机电压　0　V 左电机运行电流　0　A 目标夹紧力　17　kN 左侧夹紧力　17　kN EPB开关状态　空挡 左执行机构状态　应用(完全应用)

续表

（七）确认及恢复车辆
试车时，打开电子驻车开关，电子驻车制动功能有效
（八）7S
7S 分别是整理（Seiri）、整顿（Seiton）、清扫（Seiso）、清洁（Seiketsu）、素养（Shitsuke）、安全（Safety）、节约（Saving）。具体要求：整理工位杂物，整顿工位物品并摆放整齐，清扫实训场地，清洁实训设施设备，培养精益求精的职业素养，合理利用实训资源，节约成本、减少浪费

知识链接

一、电子驻车制动系统概述

（一）定义

电子驻车制动（Electrical Parking Brake，EPB）是通过电子控制方式实现停车制动的技术。电子驻车制动系统使用简单的电子驻车开关代替传统的驻车制动手柄，通过整车控制器控制电动机拉索实现驻车功能。此外，该系统还可以辅助驾驶人安全驾驶汽车。

（二）优点

（1）电子驻车制动系统可以在关闭起动开关后自动实施驻车制动操作，从而使驻车制动变得更方便、可靠，并防止其意外松开（如偷盗等）。

（2）通过使用更先进的电子控制技术代替传统的机械驻车制动器，避免因驾驶人忘记拉紧驻车制动手柄（停车时）或松开驻车制动手柄（起动汽车时）而造成安全事故。

（3）可在紧急状态下用于行车制动。

（三）作用

（1）基本功能：通过专用开关实现传统驻车制动器的静态驻车和静态释放功能。

（2）动态功能：行车时，若不踩下制动踏板，也可通过电子驻车开关实现制动功能。

（3）"熄火控制"模式：当车辆关闭起动开关后，自动启用电子驻车制动功能，起动开关不接通，驻车状态不解除。

（4）开车释放功能：停车等待交通信号灯改变时，踩加速踏板可自动解除驻车状态。

（5）紧急释放功能：当电子驻车制动系统断电时，可用专门的释放工具解除驻车状态。

（四）组成

电子驻车制动系统主要由电子驻车开关（见图2-3-10）及驻车制动电动机（见图2-3-11）等组成。

二、电子驻车制动系统的工作原理

打开电子驻车开关后,电子驻车制动系统控制单元会起动驻车制动电动机。驻车制动电动机通过带盘和斜盘式齿轮转动螺杆,进而使螺杆上的压力螺母向前,直至其压在制动活塞上,制动片从另一侧压向制动盘,此时驻车制动电动机的耗电量升高,电子驻车制动系统控制单元全程测量驻车制动电动机的耗电量,当其耗电量超过一定值时,便会切断驻车制动电动机的供电。关闭电子驻车开关后,螺杆上的压力螺母向后移动,制动活塞被释放并缩回,制动片离开制动盘。

图 2-3-10　电子驻车开关

图 2-3-11　驻车制动电动机

工作页

任务:电子驻车制动的检修

任务内容:
1. 读取电子驻车制动系统的故障码与数据流。
2. 检测电子驻车制动系统的熔断器。

基本要求:
1. 能独立且正确地读取电子驻车制动系统的故障码。
2. 能独立且正确地读取电子驻车制动系统的数据流。
3. 能对电子驻车制动系统相关熔断器进行检测

内容	操作过程	记录与判断	
整体检查	检查车辆是否停稳	□ 是	□ 否
	环车检查是否装好车轮挡块	□ 是	□ 否
	检查中控显示屏上的故障指示灯是否正常	□ 正常	□ 异常
	检查电子驻车开关指示灯是否正常点亮	□ 点亮	□ 未点亮
	打开电子驻车开关,向前或向后推车,检查车辆是否移动	□ 是	□ 否
	打开或关闭电子驻车开关,检查能否听到驻车制动电动机正常工作的声音	□ 能	□ 未听到声音
用故障诊断仪读取故障码与数据流	注意: (1) 正确选择车型。 (2) 正确选择系统读取故障码。 (3) 正确选择系统读取数据流		

续表

内容	操作过程	记录与判断		
用故障诊断仪读取故障码与数据流	1. 故障诊断仪中显示的故障码：_____			
	2. 关闭电子驻车开关，读取左侧电子驻车制动系统的数据流			
	（1）左电机电压：_____V			
	（2）左电机运行电流：_____A			
	（3）目标夹紧力：_____kN			
	（4）左侧夹紧力：_____kN			
	（5）EPB 开关状态	□释放	□应用	□空挡
	（6）左执行机构状态	□应用（完全应用）		□未应用
	3. 关闭电子驻车开关，读取右侧电子驻车制动系统的数据流			
	（1）右电机电压：_____V			
	（2）右电机运行电流：_____A			
	（3）目标夹紧力：_____kN			
	（4）右侧夹紧力：_____kN			
	（5）EPB 开关状态	□释放	□应用	□空挡
	（6）右执行机构状态	□应用（完全应用）		□未应用
	4. 打开电子驻车动开关，读取左侧电子驻车制动系统的数据流			
	（1）左电机电压：_____V			
	（2）左电机运行电流：_____A			
	（3）目标夹紧力：_____kN			
	（4）左侧夹紧力：_____kN			
	（5）EPB 开关状态	□释放	□应用	□空挡
	（6）左执行机构状态	□应用（完全应用）		□未应用
	5. 打开电子驻车开关，读取右侧电子驻车制动系统的数据流			
	（1）右电机电压：_____V			
	（2）右电机运行电流：_____A			
	（3）目标夹紧力：_____kN			
	（4）右侧夹紧力:_____kN			
	（5）EPB 开关状态	□释放	□应用	□空挡
	（6）右执行机构状态	□应用（完全应用）		□未应用
检测电子驻车制动系统的熔断器	（1）测量熔断器输入端对地电压为_____V	□正常		□损坏
	（2）测量熔断器输出端对地电压为_____V	□正常		□损坏
	（3）测量熔断器元件的电阻为_____Ω	□正常		□损坏
课后反思	请谈谈你在本次学习中收获了什么？（可以写出优点和不足）			

评价	评分项目	评分内容	配分	自评分	教师评分
	完成情况	是否在规定时间内按要求完成任务	20		
	操作工艺	操作步骤是否正确、规范	40		
	安全操作	是否文明操作，是否符合安全要求	20		
	7S 情况	是否符合整理、整顿、清扫、清洁、素养、安全和节约要求	10		
	工匠精神	是否细致认真地完成操作，是否有违反职业行为规范的情况	10		

子任务4　防抱死制动系统及车身电子稳定程序的检修

学习内容

以东风风行S50EV为例，学习防抱死制动系统（ABS）与车身电子稳定程序（ESP）的检修方法。

教学用具

实训车辆（东风风行S50EV）、新能源汽车专用工具、车内防护套（地板垫、座椅套、转向盘套、变速杆套）与车外防护套（前格栅布、翼子板布）、车轮挡块等。

学习目标

1. 能简单描述ABS与ESP的工作原理及检修流程。
2. 能根据操作步骤在实训车辆上规范完成ABS与ESP的检修工作。
3. 通过实训培养学生的动手操作能力，并助其养成耐心谨慎、一丝不苟、小组团结协作的职业素养。

学习建议

1. 先由教师示范正确操作，再由学生根据示范内容及作业单流程按步骤完成操作，可采用"一看，二做，三评价"的模式进行小组轮换。
2. 建议授课4课时。

诊断思路

客户向4S店反映自己所驾驶汽车的ABS出现问题。在接到故障车辆后，维修技师对ABS进行检修，其流程如图2-3-12所示。

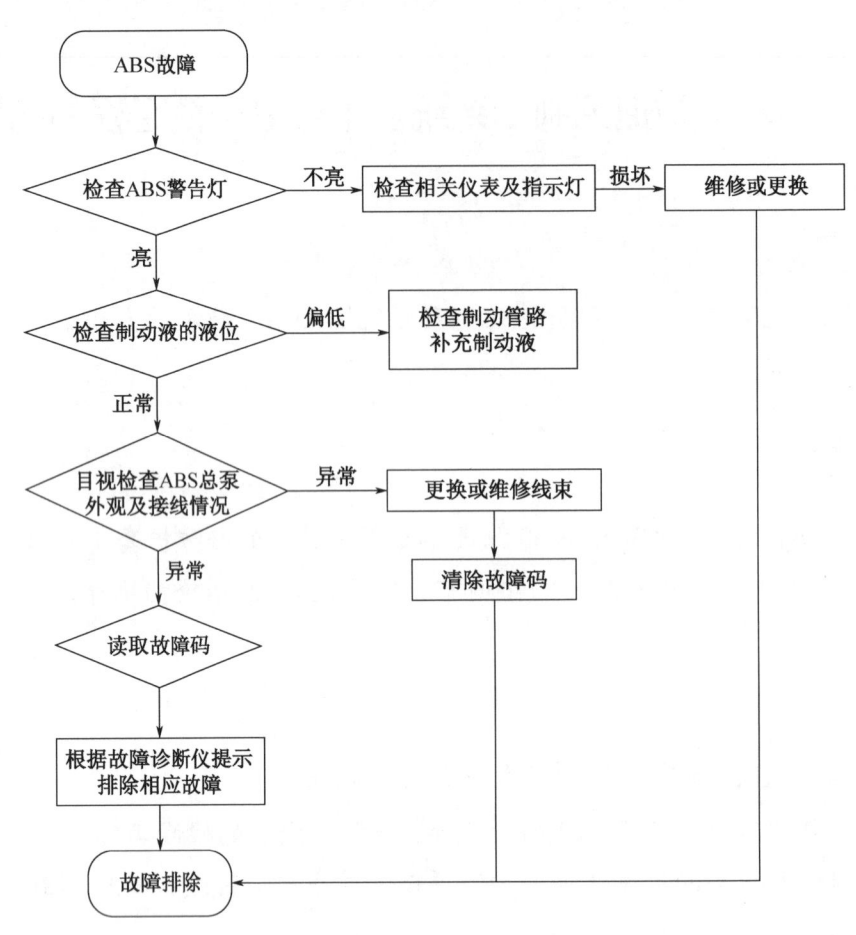

图 2-3-12　ABS 的检修流程

客户向 4S 店反映自己所驾驶汽车的 ESP 出现问题。在接到故障车辆后,维修技师对 ESP 进行检修,其流程如图 2-3-13 所示。

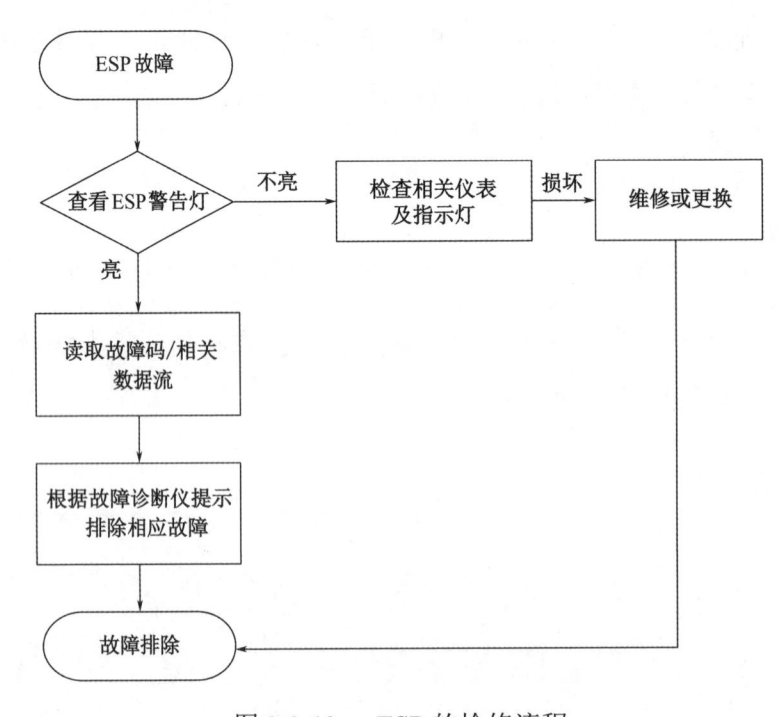

图 2-3-13　ESP 的检修流程

实践操作

(一) 准备
准备车内防护套（地板垫、座椅套、转向盘套、变速杆套）与车外防护套（前格栅布、翼子板布）、车轮挡块、故障诊断仪、万用表、2套新能源汽车专用工具

(二) 直观检查			
内容	作业		参考图片
直观检查	检查驻车制动是否完全解除（观察中控显示屏上的驻车灯是否熄灭）		
	检查制动液有无渗漏及其液面是否在规定的范围内		
	检查 ABS 总泵有无渗漏、是否损坏		
	检查 ABS、ESP 的熔断器是否完好、插接是否牢固		
	检查 ABS、ESP 的控制单元插接器是否正常		
	检查相关元器件的插接器和导线是否连接良好		

续表

内容	作业	参考图片
直观检查	检查低压蓄电池的电压是否在规定范围内及其正、负极柱的导线是否连接可靠	

（三）故障现象确认

内容	作业	参考图片
观察故障现象	观察中控显示屏上的故障指示灯是否点亮，并进行具体分析	

（四）读取故障码

内容	作业	参考图片
读取故障码	连接故障诊断仪，选择对应车型，读取故障码。可选择"快速测试"或"系统选择"	

续表

（五）读取数据流并分析

内容	作业	参考图片
读取 ABS 与 ESP 的数据流	连接 X-431 诊断仪，选择"整车控制器（VCU）"界面，读取"ABS 与 ESP"的相关数据流，查看有无异常	
判断故障类型及方向	观察中控显示屏上的 ABS 警告灯和 ESP 警告灯的闪烁情况，进行故障判断。 在一般情况下，起动开关接通时，ABS 警告灯、ESP 警告灯应闪烁。在上高压电的瞬间，ABS 警告灯和 ESP 警告灯都应亮起；上高压电后，这两个警告灯应先后熄灭；在汽车行驶过程中，这两个警告灯都不应闪烁，表示 ABS 与 ESP 正常，否则表示 ABS 与 ESP 有故障，需要查询维修手册进行故障排除	（a） （b）
	查看相关数据流，判断具体故障： 在驻车制动状态下，数据流显示界面中的高压阀 1 线圈状态应显示"未激活"，高压阀 2 线圈状态应显示"未激活"，右后加压阀线圈状态应显示"未激活"，左后加压阀线圈状态应显示"未激活"。 当 ABS 工作时，数据流显示界面中的高压阀 1 线圈状态应显示"已激活"，高压阀 2 线圈状态应显示"未激活"，右后加压阀线圈状态应显示"已激活"，左后加压阀线圈状态应显示"已激活"。	（a）

075

续表

内容	作业	参考图片
判断故障类型及方向	若 ABS 工作时，数据流显示界面中的数据与 ABS 工作时的数据不一致，则须进一步查询 ABS 控制系统的电路图，并根据电路图排查故障。 注意：右侧参考图片中的"马达"就是电动机，实际操作时均以界面实际显示内容为准，下文同理	（b）

（六）检测 ABS 的熔断器

内容	作业	参考图片
用万用表测量 ABS 的第一个熔断器	测量 ABS 第一个熔断器输入端与输出端对地电压，并测量该熔断器的电阻	
用万用表测量 ABS 的第二个熔断器	测量 ABS 第二个熔断器输入端与输出端对地电压，并测量该熔断器的电阻	

（七）排除故障

更换故障件或处理相应故障部位

（八）确认及恢复车辆

试车时，在车速达到 50km/h 时紧急制动，检查 ABS（及 ESP）的功能是否有效

（九）7S

7S 分别是整理（Seiri）、整顿（Seiton）、清扫（Seiso）、清洁（Seiketsu）、素养（Shitsuke）、安全（Safety）、节约（Saving）。
具体要求：整理工位杂物，整顿工位物品并摆放整齐，清扫实训场地，清洁实训设施设备，培养精益求精的职业素养，合理利用实训资源，节约成本、减少浪费

知识链接

一、防抱死制动系统概述

(一) 定义

防抱死制动系统（Antilock Braking System，ABS）采用电子控制方式防止车轮在车辆紧急制动时发生抱死。在汽车制动过程中，通过对车轮的运动状态进行迅速、准确、有效的控制，可充分发挥轮胎和地面间的潜在附着能力，全面满足车辆在制动过程中对制动安全的要求。

(二) 组成

ABS 在传统汽车制动系统的基础上采用电子技术，避免车轮在车辆紧急制动时发生抱死。它是机电一体化的控制系统，主要由 ABS 控制单元、轮速传感器、ABS 总泵（见图 2-3-14）、ABS 分泵及真空助力器等组成。

图 2-3-14 ABS 总泵

(三) 工作原理

在汽车制动时，ABS 控制单元根据每个轮速传感器采集的速度信号，迅速判断车轮是否处于抱死状态。之后，切断开始发生抱死车轮对应的常开输入电磁阀，保持制动力不变，如果车轮继续抱死，则接通常闭输出电磁阀，该车轮上的制动压力因直通储液罐而迅速下降，从而防止因制动力过大而使车轮完全抱死的情况发生。当制动状态始终处于最佳点（滑移率 S 为 20%）时，制动效果最佳，这有利于安全行车。

汽车减速后，一旦 ABS 控制单元检测到车轮抱死状态消失，就会切断主控制阀，使系统转入普通的制动状态下工作。如果蓄压器的压力下降到安全极限以下，红色制动警告灯和琥珀色 ABS 警告灯会亮起。在这种情况下，驾驶人须用较大的力深踩制动踏板才能对车轮进行有效制动。

二、车身电子稳定程序概述

(一) 定义

车身电子稳定程序 (Electronic Stability Program, ESP) 通常用于协助 ABS 及 ASR (驱动防滑系统) 工作。它通过对各种传感器采集的车辆行驶状态信息进行分析,向 ABS、ASR 发出纠偏指令,从而帮助车辆维持动态平衡。ESP 可以使车辆在各种状况下保持最佳的稳定性,尤其是在车辆转向过度或转向不足时。

(二) 组成

ESP 一般包括转向传感器、轮速传感器、侧滑传感器、横向加速度传感器、ESP 控制单元、执行器及 ESP 警告灯等。

(三) 工作原理

在一定的路面条件和车辆负载条件下,车轮能够提供的最大附着力为定值,即在极限情况下,车轮受到的纵向力(沿车轮滚动方向)与侧向力(垂直于车轮滚动方向)为此消彼长的关系。ESP 可分别控制各轮的制动力,从而对侧向力施加影响,提高车辆的操控性能。

当纵向力达到极值(如车轮抱死)时,侧向力的值为 0,此时车辆的横向运动不受控制,会发生侧滑,导致车辆无法按照驾驶人的意愿进行变道或者转弯。ESP 可以检测并预防车辆侧滑,当它检测到车辆即将失控时,会向特定的车轮施加制动力,从而帮助车辆按照驾驶人期望的方向行驶。

在车辆转弯时,以下为一种可行的控制策略:当车辆有转向不足的倾向时,ESP 可以向转弯内侧的后轮施加制动力,由于此轮的纵向力增加,其所能提供的侧向力随之减小,从而对车身产生帮助转向的力矩;当车辆有转向过度的倾向时,ESP 可以向转弯外侧的前轮施加制动力,由于此轮的纵向力增加,其所能提供的侧向力随之减小,从而对车身产生抵抗转向的力矩,确保车辆行驶的稳定性。

(四) 特点

1. 实时监控

ESP 能够实时监控驾驶人的操控动作、路面反馈及车辆行驶状态,并不断向制动系统发出指令。

2. 主动干预

ABS 等安全技术主要对驾驶人的动作进行干预,ESP 则可以主动调控每个车轮的驱动力和制动力。

3. 预先提醒

当驾驶人操作不当或路面异常时，ESP 会通过相应的警告灯提示驾驶人。

在东风风行 S50EV 上，ABS 与 ESP 集成为一个系统。

工作页

任务：ABS 与 ESP 的检修

任务内容：

1. 读取 ABS 和 ESP 的故障码与数据流。
2. 检测 ABS、ESP 的熔断器。

基本要求：

（1）能独立且正确地读取 ABS、ESP 的故障码。

（2）能独立且正确地读取 ABS、ESP 的数据流。

（3）能对 ABS 与 ESP 的熔断器进行检测

内容	操作过程	记录与判断	
整体检查	检查车辆是否停稳	□ 是	□ 否
	环车检查是否装好车轮挡块	□ 是	□ 否
	检查驻车制动是否完全解除	□ 是	□ 否
	检查 ABS 总泵有无渗漏	□ 有	□ 无
	检查 ABS 总泵是否损坏	□ 正常	□ 损坏
	检查低压蓄电池的电压是否正常	□ 正常	□ 异常
	检查中控显示屏上 ABS 与 ESP 的警告灯是否亮起	□ 亮	□ 未亮
用故障诊断仪读取故障码与数据流	注意： （1）正确选择车型。 （2）正确选择系统读取故障码。 （3）正确选择系统读取数据流		
	（1）故障诊断仪中显示的故障码为_____		
	（2）驻车制动状态下 ABS 与 ESP 的数据流		
	泵电压：_____V		
	马达运行电压：_____V		
	高压阀 1 线圈状态	□ 已激活	□ 未激活
	隔离阀 1 线圈状态	□ 已激活	□ 未激活
	高压阀 2 线圈状态	□ 已激活	□ 未激活
	隔离阀 2 线圈状态	□ 已激活	□ 未激活
	泵状态	□ OFF	□ ON
	泵马达状态	□ 正常	□ 故障
	右后泄压阀的线圈状态	□ 已激活	□ 未激活
	右后加压阀线圈状态	□ 已激活	□ 未激活
	左后泄压阀的线圈状态	□ 已激活	□ 未激活
	左后加压阀线圈状态	□ 已激活	□ 未激活
	右前泄压阀的线圈状态	□ 已激活	□ 未激活

续表

内容	操作过程	记录与判断	
用故障诊断仪读取故障码与数据流	右前加压阀线圈状态	□ 已激活	□ 未激活
	左前泄压阀的线圈状态	□ 已激活	□ 未激活
	左前加压阀线圈状态	□ 已激活	□ 未激活
	（3）ABS 与 ESP 工作时的相关数据流		
	泵电压：_____V		
	马达运行电压：_____V		
	高压阀 1 线圈状态	□ 已激活	□ 未激活
	隔离阀 1 线圈状态	□ 已激活	□ 未激活
	高压阀 2 线圈状态	□ 已激活	□ 未激活
	隔离阀 2 线圈状态	□ 已激活	□ 未激活
	泵状态	□ OFF	□ ON
	泵马达状态	□ 正常	□ 故障
	右后泄压阀的线圈状态	□ 已激活	□ 未激活
	右后加压阀线圈状态	□ 已激活	□ 未激活
	左后泄压阀的线圈状态	□ 已激活	□ 未激活
	左后加压阀线圈状态	□ 已激活	□ 未激活
	右前泄压阀的线圈状态	□ 已激活	□ 未激活
	右前加压阀线圈状态	□ 已激活	□ 未激活
	左前泄压阀的线圈状态	□ 已激活	□ 未激活
	左前加压阀线圈状态	□ 已激活	□ 未激活
检测相关熔断器	测量 ABS 第一个熔断器输入端对地电压为_____V	□ 正常	□ 损坏
	测量 ABS 第一个熔断器输出端对地电压为_____V	□ 正常	□ 损坏
	测量 ABS 第一个熔断器的电阻为_____Ω	□ 正常	□ 损坏
课后反思	请谈谈你在本次学习中收获了什么？（可以写出优点和不足）		

内容	评分项目	评分内容	配分	自评分	教师评分
评价	完成情况	是否在规定时间内按要求完成任务	20		
	操作工艺	操作步骤是否正确、规范	40		
	安全操作	是否文明操作，是否符合安全要求	20		
	7S 情况	是否符合整理、整顿、清扫、清洁、素养、安全和节约要求	10		
	工匠精神	是否细致认真地完成操作，是否有违反职业行为规范的情况	10		

子任务5　盘式制动器的检修

学习内容

以东风风行 S50EV 为例，学习盘式制动器制动片的检查与更换方法。

教学用具

实训车辆（东风风行 S50EV）、新能源汽车专用工具、故障诊断仪、车内防护套（地板垫、座椅套、转向盘套、变速杆套）与车外防护套（前格栅布、翼子板布）等。

学习目标

1. 能简单描述盘式制动器的组成与类型。
2. 能根据操作步骤在实训车辆上规范完成盘式制动器制动片的检查与更换工作。
3. 通过实训培养学生的动手操作能力，并助其养成耐心谨慎、一丝不苟、小组团结协作的职业素养。

学习建议

1. 先由教师示范正确操作，再由学生根据示范内容及作业单流程按步骤完成操作，可采用"一看，二做，三评价"的模式进行小组轮换。
2. 建议授课 4 课时。

诊断思路

客户向 4S 店反映自己驾驶的汽车在踩下制动踏板后出现异响，制动距离也变长。在接到故障车辆后，维修技师判断其根源在于制动器，遂进行检修，其流程如图 2-3-15 所示（该车主要采用盘式制动器）。

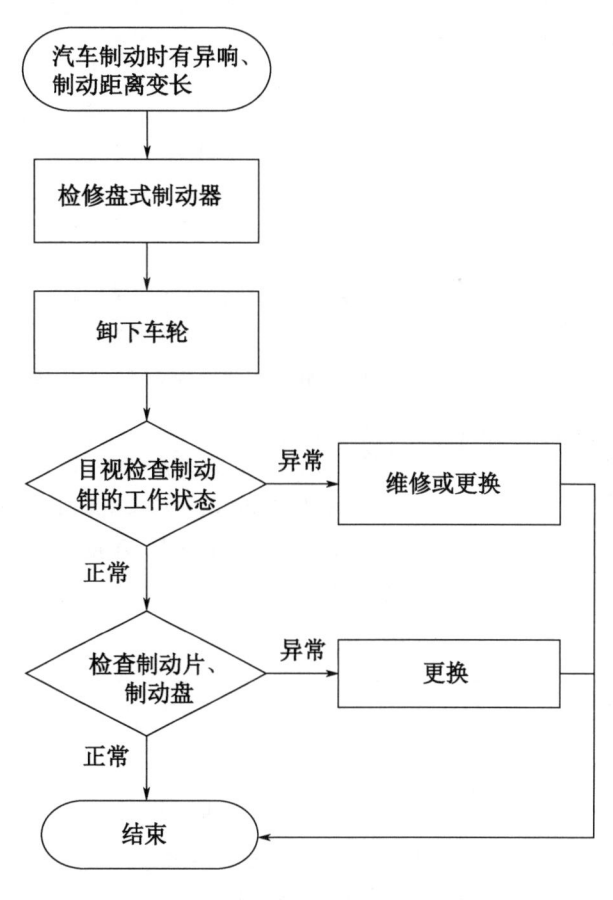

图 2-3-15　盘式制动器的检修

实践操作

(一）准备
安装车内防护套（地板垫、座椅套、转向盘套、变速杆套）与车外防护套（前格栅布、翼子板布）及车轮挡块
（二）故障现象确认
在专用道上试车，踩下制动踏板后，车辆的制动距离变长
（三）故障确认
经过检查发现制动片磨损到标记界限
（四）制动片更换

内容	作业	参考图片
安全检查与防护	将车辆安全平稳地举升至工作高度并落锁	
外观检查	检查制动钳总成及其支架，应无松动或损坏	
拆卸制动钳总成	拆卸制动钳总成支架固定螺栓。 注意：只需拆卸其下方螺栓。 以制动钳上方螺栓为支点，向上转动制动钳总成支架。 将制动钳总成支架用 S 钩固定。 注意：在转动制动钳总成支架时，应尽量避免制动管路因弯折而受损；不可将 S 钩固定在制动管路上	
拆卸制动片	从制动钳总成支架上取下制动片。 注意：可用记号笔标识制动片内外方向。 取出制动片卡簧	

续表

内容	作业	参考图片
拆卸制动片	拆下消声片,并记下消声片安装方向(无消声片车型可跳过此步)。将拆下的制动片摆放整齐	
安装制动片	安装消声片(无消声片车型可跳过此步) 检查制动浮动销防尘套:移动该防尘套时应有一定的阻力,但阻力不会过大 注意:若拆卸方法不当,制动分泵活塞会被顶出来,这时需要使用活塞压回工具将其压回,即将活塞压回工具安装在制动分泵活塞上,转动手柄,向内将其压回,完成后拆下该工具	
	先安装制动片卡簧,再安装制动片,注意制动片内外方向。 松开 S 钩,以制动钳上方螺栓为支点,向上转动制动钳总成支架。 安装制动钳总成支架固定螺栓	

(五)排除故障

更换故障件或处理相应故障部位

(六)确认及恢复车辆

试车时,踩下制动踏板后,车辆能够迅速减速或停车

(七)7S

7S 分别是整理(Seiri)、整顿(Seiton)、清扫(Seiso)、清洁(Seiketsu)、素养(Shitsuke)、安全(Safety)、节约(Saving)。
具体要求:整理工位杂物,整顿工位物品并摆放整齐,清扫实训场地,清洁实训设施设备,培养精益求精的职业素养,合理利用实训资源,节约成本、减少浪费

知识链接

一、盘式制动器的组成

盘式制动器主要由制动盘、制动钳及制动片等组成,如图 2-3-16 所示。

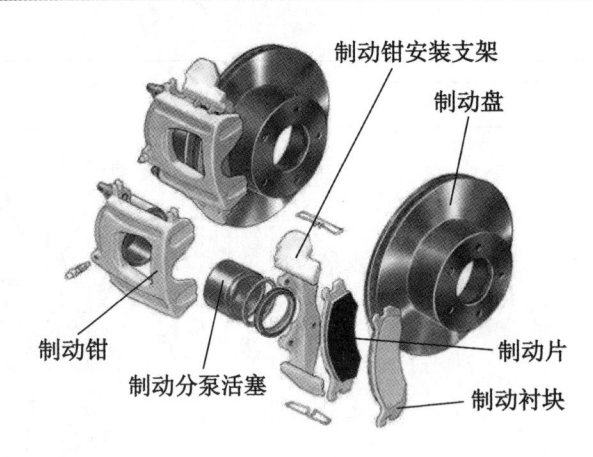

图 2-3-16 盘式制动器的主要组成

1．制动盘

制动盘安装在车轮轮毂上，与车轮一同转动。常见的制动盘类型有实心式、通风式，其中实心式制动盘由单盘制动转子制成；通风式制动盘因其转盘是空心的，故有极好的散热性。

2．制动钳

制动钳横跨在制动盘上。

3．制动片

制动片又称为摩擦片，它在汽车制动时被挤压在制动盘上产生摩擦，从而实现汽车减速或停车。

二、盘式制动器的类型

盘式制动器按照其固定元件结构形式的不同，可以分为全盘式制动器和钳盘式制动器。全盘式制动器只用于重型汽车，其制动盘是用端面工作的金属圆盘，工作时制动盘和制动片间的摩擦面全部接触；钳盘式制动器又可分为定钳盘式和浮钳盘式两种，多用于轿车和轻型货车，其工作（摩擦）面积不大。

工作页

任务：检查及更换盘式制动器的制动片

任务内容：

1．盘式制动器的制动片拆装。
2．盘式制动器的制动片检查。

基本要求：

1．能独立且正确地拆装盘式制动器的制动片。
2．能对制动钳进行外观检查。
3．能对制动盘进行外观检查。
4．能对制动片进行检测与更换。

续表

内容	操作过程	记录与判断
整体检查	检查制动钳与制动钳安装支架有无松动、损坏	□ 松动　　□ 损坏　　□ 无
	检查制动钳排气螺栓有无松动	□ 松动　　　　　　　　□ 无
	检查制动盘表面有无划痕、污物	□ 划痕　　□ 污物　　□ 无
	检查制动片表面有无划痕、污物	□ 划痕　　□ 污物　　□ 无
	检查制动器有无漏油现象	□ 漏油　　　　　　　　□ 无
拆卸制动钳及制动片	注意： （1）安装顺序与拆卸顺序相反。 （2）不需要拆卸制动钳总成支架上方固定螺栓。 （3）不要将制动钳总成挂在制动管路上，否则容易造成制动管路变形	
	拆卸制动钳总成支架固定螺栓	□ 完成　　　　□ 未完成
	向上拔出制动分泵活塞壳体	□ 完成　　　　□ 未完成
	使用 S 钩把制动分泵活塞壳体挂在悬架上	□ 完成　　　　□ 未完成
	拆卸制动片	□ 完成　　　　□ 未完成
制动片检测	检测制动片厚度	测量值： 标准值： 极限值： □能继续使用　　□更换新制动片
课后反思	请谈谈你在本次学习中收获了什么？（可以写出优点和不足）	

	评分项目	评分内容	配分	自评分	教师评分
评价	完成情况	是否在规定时间内按要求完成任务	20		
	操作工艺	操作步骤是否正确、规范	40		
	安全操作	是否文明操作，是否符合安全要求	20		
	7S 情况	是否符合整理、整顿、清扫、清洁、素养、安全和节约要求	10		
	工匠精神	是否细致认真地完成操作，是否有违反职业行为规范的情况	10		

任务四 行驶系统检修

扫一扫获取学习资源

子任务1 行驶系统的基础知识

学习内容

以东风风行 S50EV 为例，学习行驶系统的基础知识。

教学用具

实训车辆（东风风行 S50EV）。车内防护套（地板垫、座椅套、转向盘套、变速杆套）与车外防护套（前格栅布、翼子板布）等。

学习目标

1. 能说出行驶系统的组成、作用和类型。
2. 能说出车桥的类型及其结构特点。
3. 能简单描述汽车胎压监测系统的工作原理。
4. 通过实训培养学生的动手操作能力，并助其养成耐心谨慎、一丝不苟、小组团结协作的职业素养。

学习建议

1. 先由教师示范正确操作，再由学生根据示范内容及作业单流程按步骤完成操作，可采用"一看，二做，三评价"的模式进行小组轮换。
2. 建议授课 1 课时。

知识链接

一、行驶系统的组成、作用和类型

（一）组成

如图 2-4-1 所示，汽车的行驶系统主要由车架（见图 2-4-2）、车桥（见图 2-4-3）、车

轮（见图 2-4-4）和悬架（见图 2-4-5）组成。

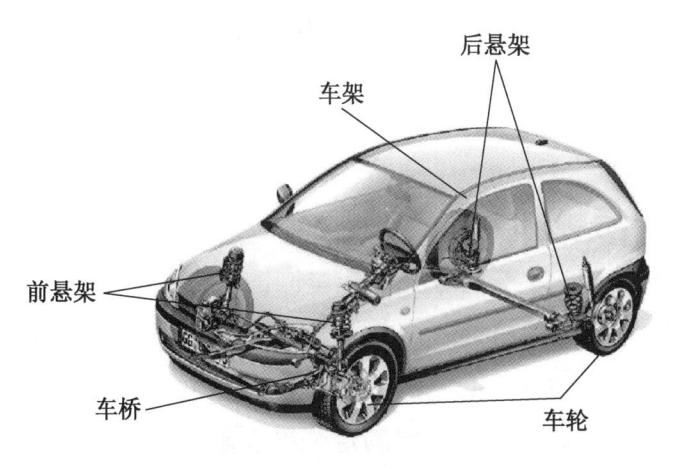

图 2-4-1 汽车的行驶系统

图 2-4-2 车架

图 2-4-3 车桥

图 2-4-4 车轮

图 2-4-5 悬架

（二）作用

汽车的行驶系统将驱动电机输出的转矩通过驱动轮与路面的附着作用，转换为汽车行驶的驱动力，同时承受并传递路面作用于车轮的各种力及力矩。此外，该系统还负责缓和不平路面对车身造成的冲击和振动，确保汽车平稳行驶。

（三）类型

车辆的行驶系统可以分为轮式、履带式、半履带式、车轮-履带式和水陆两用等类型。

二、车架与车桥

（一）车架

车架一般由纵梁和横梁组成，这两者通过铆接或焊接的方式组成坚固的刚性构件。

与传统汽车相比，纯电动汽车车架的设计需要考虑电池及电机的安装位置，为了降低整车的重心高度，在设计纯电动汽车的车架结构时应尽量降低电池的安装位置。为了提高动力电池的续航能力，对整个车架的质量也有较为严格的要求，并要满足强度要求。综上所述，纯电动汽车一般采用承载式车身，即无梁式车架。

（二）车桥

车桥分为转向桥、驱动桥、转向驱动桥和支持桥4种。

1．转向桥

转向桥由两个转向节和一根横梁组成，它具有以下作用：①利用转向节的摆动使车轮偏转一定的角度，实现汽车转向；②承受车轮与车架之间的垂直载荷、纵向的道路阻力、制动力、侧向力以及这些力所产生的力矩；③确保转向轮具有正确的定位角和合适的转向角。

2．驱动桥

驱动桥由主减速器、差速器、半轴及桥壳组成，它负责将驱动电机输出的动力传给驱动轮，实现降速增矩的作用，同时改变动力传递方向。

3．转向驱动桥

转向驱动桥具有转向和驱动两种功能。因此，它不仅有一般驱动桥的基本部件（主减速器、差速器及半轴），还有转向桥特有的主销等。

4．支持桥

支持桥既无转向功能，也无驱动功能，它只承受垂直载荷，以及纵向力和侧向力及其力矩。支持桥只在前置前驱汽车中使用。

传统汽车多以转向桥为前桥，而许多新能源汽车的前桥为转向驱动桥。

三、车轮与轮胎、胎压监测

（一）车轮

目前普遍采用辐板式车轮。车轮中的轮辋和辐板根据其连接形式，可以分为组合式结构和整体式结构。组合式结构将轮辋和辐板通过焊接或铆接的方式进行连接，整体式结构将轮辋和辐板通过铸造成型或锻造成型进行连接。前者主要用于钢制车轮，后者则用于合金制车轮。

（二）轮胎

轮胎由橡胶制成，安装在轮辋上。轮胎与轮辋共同组成车轮与地面接触。轮胎的作用：①支承汽车的总质量，保证车轮和路面的附着性，以提高汽车的牵引性、制动性和通过性；②与汽车悬架一起减少汽车在行驶中受到的冲击，并衰减由此所产生的振动，以保证良好的乘坐舒适性和平顺性。为了具有一定的承载能力和适宜的弹性，轮胎内部常充有气体。轮胎的外部有较复杂的花纹，用于提高其与路面的附着性。现在的汽车几乎都采用充气轮胎，它根据工作气压的大小可以分为高压胎、低压胎和超低压胎。

（三）胎压监测

汽车的胎压监测系统按照工作方式不同，可以分为直接式和间接式两种。

1. 直接式胎压监测系统

直接式胎压监测系统利用安装在每个轮胎中的压力传感器来测量胎压（轮胎的气压），并利用无线发射器将相关数据从轮胎内部发送至中央接收器模块，用于显示各轮胎的气压数据。当轮胎气压过低或漏气时，该系统会自动报警。

2. 间接式胎压监测系统

当某车轮的胎压降低时，车辆的质量会使该车轮的滚动半径变小，导致其转速大于其他车轮。间接式胎压监测系统通过比较各车轮的转速差，达到监视胎压的目的。间接式轮胎监测系统实际是依靠计算车轮的滚动半径来对胎压进行监测的。

四、悬架

（一）组成

悬架由弹性元件、导向机构及减振器等组成，个别悬架还有缓冲块、横向稳定杆等。弹性元件又分为钢板弹簧、空气弹簧、螺旋弹簧及扭杆弹簧等类型。现在的汽车悬架多采用螺旋弹簧和扭杆弹簧，部分高级汽车使用空气弹簧。悬架系统的组成示例如图2-4-6所示。

（二）作用

（1）弹性元件。它用于承受和传递垂直载荷，并作为车架与车桥之间的弹性连接，缓和及抑制不平路面对

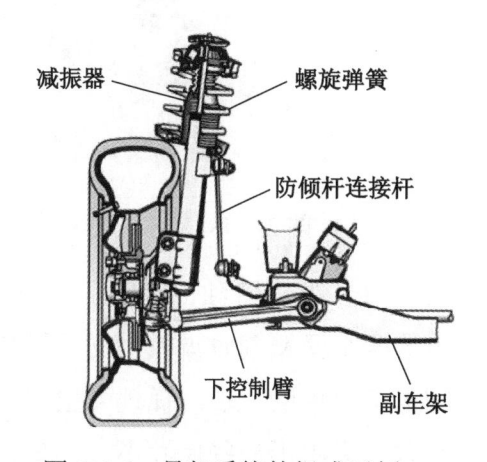

图2-4-6 悬架系统的组成示例

车辆的冲击。

（2）导向机构。它用于传递纵向力、侧向力及其力矩，并保证车轮相对于车身有一定的运动规律。

（3）减振器。它用于吸收车辆的振动，使其迅速恢复平稳状态，从而改善汽车行驶的平稳性。

综上所述，悬架的作用是传递车轮和车架之间的力和力矩，缓冲由不平路面传给车架或车身的冲击力，并衰减由此而引起的振动，以保证汽车平顺行驶。如果悬架出现问题，会影响汽车行驶的舒适性。因此，若驾驶人感觉车辆在通过不平路面时的减振效果明显下降，应立即将车辆送至维修厂进行专业检修。

（三）分类

悬架分为独立悬架和非独立悬架两类。

1. 独立悬架

独立悬架是指左右两侧车轮分别通过悬架与车架或车身相连。

（1）麦弗逊式独立悬架。麦弗逊式独立悬架（见图2-4-7）是当前最常用的独立悬架之一，一般用于轿车的前轮。其设计结构简单、质量较小、占用空间少，更有利于驱动电机及其控制模块的布置，减振性能也较强，但稳定性较差。

（2）多连杆式独立悬架。多连杆式独立悬架（见图2-4-8）通过各种连杆装置使车轮与车身相连，目前较常见的是4根或5根连杆相连。该悬架的工作性能很好，但是成本高。其车轮的定位可自动调整，具有出色的操控性。

图 2-4-7　麦弗逊式独立悬架　　　　图 2-4-8　多连杆式独立悬架

（3）双叉臂独立悬架。双叉臂独立悬架（见图2-4-9）拥有上、下两个叉臂，横向力由这两个叉臂同时吸收，支柱只负责承载车身质量。采用该悬架的车型在激进驾驶的侧倾控制上有出色的表现，抓地力也高，并且其纵向高度比多连杆式独立悬架低，更有利于底盘的布置，多用于一些尺寸不大、车身不高、风阻极低的性能车型上。

图 2-4-9　双叉臂独立悬架

2. 非独立悬架

非独立悬架是指左右两侧车轮与车身连接成一个整体，左侧车轮跳动时也会传递给右侧车轮，因而又被称为板车悬架。

（1）拉力梁。它最大的优势是结构简单、占用空间少，这对车辆后排空间的拓展非常有利，加上其成本低，多用于尺寸不大、定位较低的家用车型上。

（2）钢板弹簧。它是应用较多的一种弹性元件，多用于承重要求高的货车或客车上，其结构非常简单，就是将若干弹性钢板叠加在一起与车架相连。

（3）整体桥式悬架。它的结构相对简单，能承受更大的扭力。采用螺旋弹簧的整体桥式悬架拥有比一般悬架更长的工作行程，在崎岖环境中可以让四轮更好地抓地，但其公路性能差。

五、换挡机构

1. 纯电动汽车换挡机构的特点

在纯电动汽车换挡过程中，整车控制器先接收挡位信号作为第一挡位信息，并将该信号转换为低电平脉冲信号发送至电机控制器；电机控制器则接收低电平脉冲信号作为第二挡位信息，并根据整车信息判断是否满足换挡条件，同时将第二挡位信息反馈给整车控制器进行挡位信息校验；整车控制器再对第一挡位信息和第二挡位信息进行校验，并向电机控制器反馈校验结果；当电机控制器判断纯电动汽车满足换挡条件且校验结果为第一挡位信息和第二挡位信息一致时，驱动电机工作。综上所述，纯电动汽车通过电机控制器根据整车状态判断是否满足换挡条件以保证行车安全性及电池不会出现过放电现象，通过整车控制器对挡位信息进行校验确保换挡准确。东风风行 S50EV 的换挡开关如图 2-4-10 所示。

2. 纯电动汽车换挡与传统汽车换挡的区别

纯电动汽车采用固定速比减速器，不能通过换挡改变车速，而是通过电机调速改变车速。

传统汽车因采用自动变速器，可以通过自动换挡改变车速。

图 2-4-10 东风风行 S50EV 的换挡开关

工作页

任务：认识悬架

任务内容：

1．认识悬架的结构。

2．了解悬架的类型与特点。

基本要求：

1．能独立找到弹性元件、减振器及导向机构。

2．能对悬架外观进行检查。

3．能正确说出悬架的类型与特点

内容	操作过程	记录与判断	
前悬架结构认识	识别实训车辆的前悬架类型	□ 独立悬架	□ 非独立悬架
	找到前悬架的减振器	□ 完成	□ 未完成
	找到前悬架的弹性元件	□ 完成	□ 未完成
	找到前悬架导向机构中的上悬臂	□ 完成	□ 未完成
	找到前悬架导向机构中的下悬臂	□ 完成	□ 未完成
	找到前悬架导向机构中的稳定杆	□ 完成	□ 未完成
后悬架结构认识	识别实训车辆的后悬架类型	□ 独立悬架	□ 非独立悬架
	找到后悬架的减振器	□ 完成	□ 未完成
	找到后悬架的弹性元件	□ 完成	□ 未完成
	找到后悬架弹簧缓冲胶条	□ 完成	□ 未完成
	找到安装后悬架的副车架	□ 完成	□ 未完成
	找到后悬架导向机构中的上悬臂	□ 完成	□ 未完成
	找到后悬架导向机构中的下悬臂	□ 完成	□ 未完成
	找到后悬架导向机构中的稳定杆	□ 完成	□ 未完成
	找到后悬架下导向臂稳定杆	□ 完成	□ 未完成
	找到后悬架支撑纵臂	□ 完成	□ 未完成

续表

课后反思	请谈谈你在本次学习中收获了什么？（可以写出优点和不足）				
评价	评分项目	评分内容	配分	自评分	教师评分
	完成情况	是否在规定时间内按要求完成任务	20		
	操作工艺	操作步骤是否正确、规范	40		
	安全操作	是否文明操作，是否符合安全要求	20		
	7S情况	是否符合整理、整顿、清扫、清洁、素养、安全和节约要求	10		
	工匠精神	是否细致认真地完成操作，是否有违反职业行为规范的情况	10		

子任务2　无法挂挡故障的检修

学习内容

以东风风行S50EV为例，学习无法挂挡故障的检修方法。

教学用具

实训车辆（东风风行S50EV）、新能源汽车专用工具、手套、电筒等。

学习目标

1. 理解纯电动汽车的行驶原理及换挡开关电路。
2. 了解无法挂挡故障的诊断与排除方法。
3. 能够熟练运用故障诊断仪、万用表等检测工具。

学习建议

1. 先由教师示范正确操作，再由学生根据示范内容及作业单流程按步骤完成操作，可采用"一看，二做，三评价"的模式进行小组轮换。
2. 建议授课3课时。

诊断思路

客户向4S店反映自己驾驶的汽车出现无法挂挡的问题。在接到故障车辆后，维修技师针对该问题进行检修，其流程如图2-4-11所示。

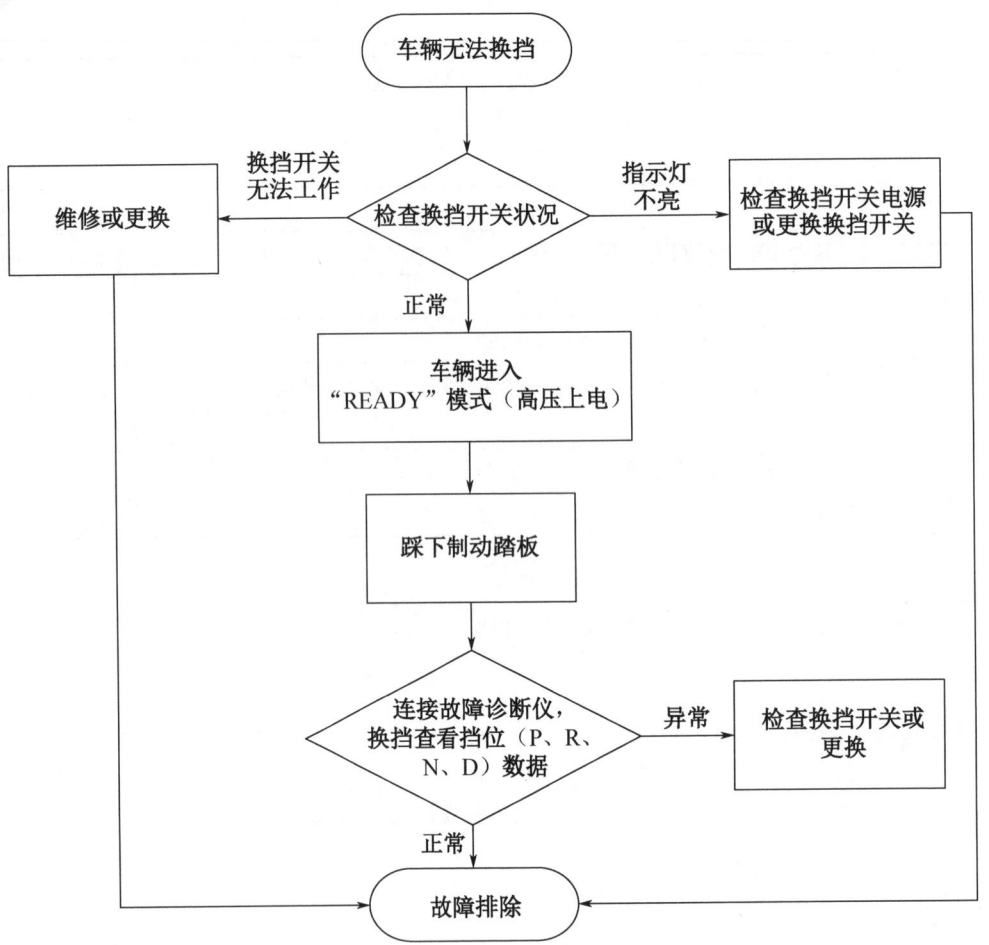

```
                        车辆无法换挡
                             │
        换挡开关              ▼              指示灯
        无法工作      ┌──────────────┐       不亮        ┌──────────────┐
   ┌─────────┐◄──────│检查换挡开关状况│──────────────►│检查换挡开关电源│
   │维修或更换│       └──────────────┘                  │或更换换挡开关│
   └─────────┘              │                           └──────────────┘
                          正常│                                  │
                             ▼                                  │
                    ┌──────────────┐                            │
                    │  车辆进入     │                            │
                    │"READY"模式（高压上电）│                    │
                    └──────────────┘                            │
                             │                                  │
                             ▼                                  │
                    ┌──────────────┐                            │
                    │ 踩下制动踏板  │                            │
                    └──────────────┘                            │
                             │                                  │
                             ▼                                  │
                    ┌──────────────┐      异常       ┌──────────────┐
                    │连接故障诊断仪，│───────────────►│检查换挡开关或│
                    │换挡查看挡位(P、R、│              │更换          │
                    │N、D)数据      │                └──────────────┘
                    └──────────────┘                        │
                          正常│                              │
                             ▼                              │
                       ┌─────────┐◄─────────────────────────┘
                       │ 故障排除 │
                       └─────────┘
```

图 2-4-11 无法挂挡的检修流程

实践操作

（一）准备
准备故障诊断仪、新能源汽车专用工具等相关工量具
（二）故障现象确认
车辆无法挂挡
（三）无法挂挡故障检修

内容	作业	参考图片
安全检查与防护	将车辆停至维修工位，放置车轮挡块	

续表

内容	作业	参考图片
目视检查	检查车辆是否进入"READY"模式（高压上电）	
	解除驻车制动	
挡位检查及数据流查看	接入 X431 诊断仪，依次选择东风风行→新能源车型→S50EV→系统选择→VCM 整车控制器，踩下制动踏板	

续表

内容	作业	参考图片
挡位检查及数据流查看	汽车进入"READY"模式后，挡位默认为 P 挡，检查数据流与仪表显示是否一致，踩下制动踏板，查看制动踏板输入数据是否正常 | 数据流名称	值
---	---
制动踏板输入 1	有效
制动踏板输入 2	有效
P 挡信号	有效 | 注意：实际操作时，以界面实际显示内容为准，下文同理	
	踩下制动踏板挂入 R 挡，检查数据流与仪表显示是否一致、对应挡位提示灯是否点亮 | 数据流名称	值
---	---
R 挡信号	有效		
	踩下制动踏板挂入 N 挡，检查数据流与仪表显示是否一致、对应挡位提示灯是否点亮 | 数据流名称	值
---	---
N 挡信号	有效		
	踩下制动踏板挂入 D 挡，检查数据流与仪表显示是否一致、对应挡位提示灯是否点亮 | 数据流名称	值
---	---
D 挡信号	有效		

续表

内容	作业	参考图片
挡位控制器检测	挡位控制器安装在挡位开关内，沿边缘用塑料撬棍拆下该开关	
	测量挡位控制器1~6号端口的电压，若其值与下表中的数值一致，则可进行下一步操作 	端口	定义	数值
1	挡位信号	5V
2	IG	12V
3	空	—
4	搭铁	0V
5	空	—
6	常电	12V		
	关闭起动开关，使用万用表的电压挡测量6#供电熔断器两端的电压，应为12V；打开起动开关，使用万用表的电压挡测量2#供电熔断器两端的电压，应为12V。 若测量时供电熔断器有一端无电压或两端均无电压，则说明其损坏或线路故障	6#供电熔断器 2#供电熔断器

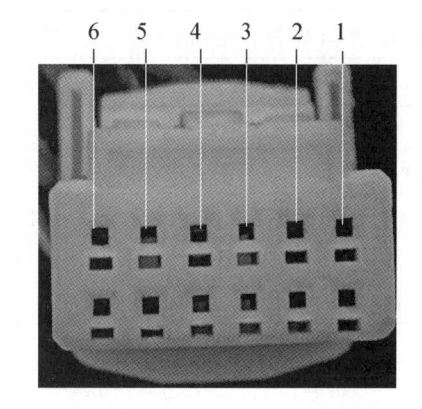

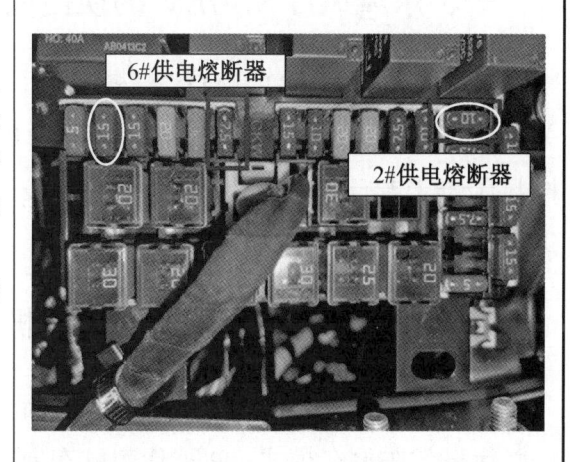

续表

内容	作业	参考图片
挡位控制器检测	测量挡位控制器11号和12号端口的电压，若其值与下表中的数值一致，则可进行下一步操作，否则应根据专业维修手册对通信线路进行检查 | 端子号	定义	数值
7	位置灯	12V
8	空	—
9	空	—
10	空	—
11	CAN-H	2.75V
12	CAN-L	2.24V | 注：1~6号端口已在上述步骤中介绍过	

（四）排除故障

再次检查汽车能否正常挂挡

（五）确认及恢复车辆

试车时，汽车可正常换挡

（六）7S

7S分别是整理（Seiri）、整顿（Seiton）、清扫（Seiso）、清洁（Seiketsu）、素养（Shitsuke）、安全（Safety）、节约（Saving）。

具体要求：整理工位杂物，整顿工位物品并摆放整齐，清扫实训场地，清洁实训设施设备，培养精益求精的职业素养，合理利用实训资源，节约成本、减少浪费

知识链接

一、东风风行S50EV的换挡原理

起动车辆进入"READY"模式后，踩下制动踏板，按驾驶需求推动变速杆，换挡开关模块通过CAN信号向整车控制器发出换挡指令，整车控制器综合判定车辆状态并在中控显示屏上显示当前所处挡位。车辆未进入"READY"模式时，整车控制器将锁住P挡，确保无法切换其他挡位。

二、东风风行S50EV的选挡机构

新能源汽车通常有3个挡位，分别是D挡、R挡和P挡。其中，D挡代表驾驶前进模式；R挡代表驾驶倒车模式；P挡代表驻车制动模式。

东风风行S50EV的选挡机构为变速杆式，当驾驶人踩下制动踏板时，通过推动变速杆，

可以实现不同挡位的切换。换挡成功后，换挡面板上相应的指示灯会亮起，中控显示屏上也会显示对应的挡位。

工作页

任务：无法挂挡故障的检修			
任务内容：			
1．检查换挡工作状态。			
2．排除无法换挡故障。			
基本要求：			
1．能够运用故障诊断仪查看故障现象并读取相关故障码或数据流。			
2．能够运用万用表准确判断故障点。			
3．能够按照诊断流程排除故障			

内容	操作过程	记录与判断	
	汽车能否进入"READY"模式（高压上电）	□ 正常	□ 异常
	能否正常解除驻车制动	□ 正常	□ 异常
	踩下制动踏板，观察制动灯是否点亮	□ 正常	□ 异常
	上高压电后，检查车辆是否默认为P挡、对应的挡位指示灯是否点亮	□ 正常	□ 异常
	踩下制动踏板后，挂入R挡，观察中控显示屏上是否显示当前挡位处于R挡、对应的挡位指示灯是否点亮	□ 正常	□ 异常
	踩下制动踏板后，挂入N挡，观察中控显示屏上是否显示当前挡位处于N挡、对应的挡位指示灯是否点亮	□ 正常	□ 异常
	踩下制动踏板后，挂入D挡，观察中控显示屏上是否显示当前挡位处于D挡、对应的挡位指示灯是否点亮	□ 正常	□ 异常
连接故障诊断仪，读取数据流	连接X431诊断仪，依次选择东风风行→新能源车型→S50EV→系统选择→VCM整车控制器，读取数据流	□ 完成	□ 未完成
	踩下制动踏板，查看制动信号是否有效	□ 有效	□ 无效
	踩下制动踏板后，挂入R挡，查看R挡是否有效	□ 有效	□ 无效
	踩下制动踏板后，挂入N挡，查看N挡是否有效	□ 有效	□ 无效
	踩下制动踏板后，挂入D挡，查看D挡是否有效	□ 有效	□ 无效
挡位开关检测	沿边缘用塑料撬棍拆下挡位开关	□ 完成	□ 未完成
	测量挡位控制器1~6号端口的电压并进行判断	□ 正常	□ 异常
	测量挡位控制器11号和12号端口的电压并进行判断	□ 正常	□ 异常
课后反思	请谈谈你在本次学习中收获了什么？（可以写出优点和不足）		

	评分项目	评分内容	配分	自评分	教师评分
评价	完成情况	是否在规定时间内按要求完成任务	20		
	操作工艺	操作步骤是否正确、规范	40		
	安全操作	是否文明操作，是否符合安全要求	20		

续表

评价	评分项目	评分内容	配分	自评分	教师评分
	7S情况	是否符合整理、整顿、清扫、清洁、素养、安全和节约要求	10		
	工匠精神	是否细致认真地完成操作,是否有违反职业行为规范的情况	10		

子任务3　车身摆动的检修

学习内容

以东风风行S50EV为例,学习车身摆动的检修方法。

教学用具

实训车辆(东风风行S50EV)、新能源汽车专用工具、轮胎动平衡机车内防护套(地板垫、座椅套、转向盘套、变速杆套)与车外防护套(前格栅布、翼子板布)、车轮挡块等。

学习目标

1. 了解轮胎动平衡的作用。
2. 根据操作步骤,能独立检测轮胎动平衡。
3. 通过实训培养学生的动手操作能力,并助其养成耐心谨慎、一丝不苟、小组团结协作的职业素养。

学习建议

1. 先由教师示范正确操作,再由学生根据示范内容及作业单流程按步骤完成操作,可采用"一看,二做,三评价"的模式进行小组轮换。
2. 建议授课2课时。

诊断思路

客户向4S店反映自己驾驶的汽车在行驶到一定速度时车身会发生摆动。在接到故障车辆后,维修技师判断上述问题可能与轮胎动平衡有关,遂进行检测,其流程如图2-4-12所示。

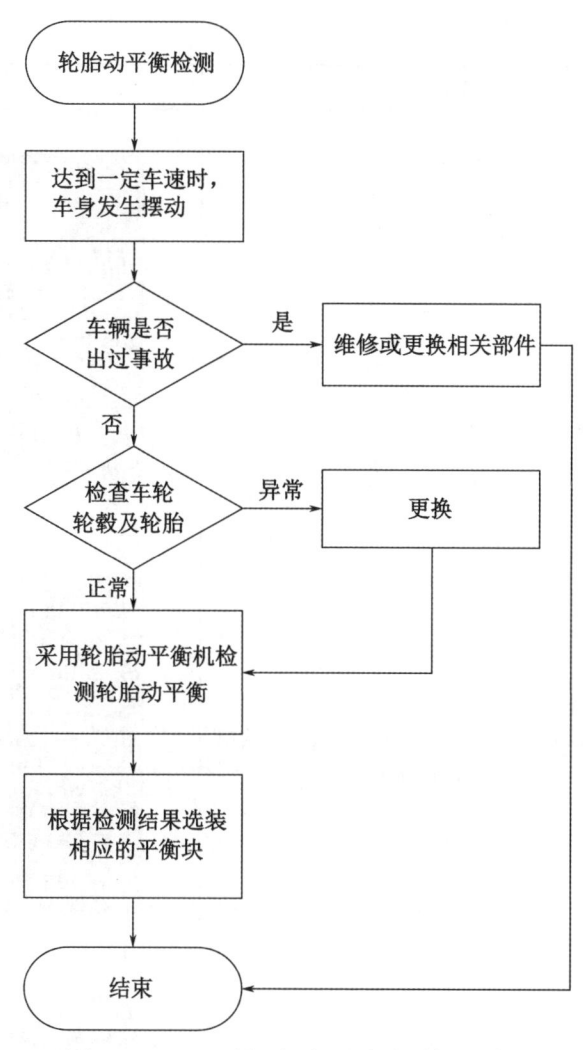

图 2-4-12　轮胎动平衡的检测流程

实践操作

(一) 准备
安装车内防护套（地板垫、座椅套、转向盘套、变速杆套）与车外防护套（前格栅布、翼子板布）及车轮挡块
(二) 故障现象确认
在专用道上试车，当车速到达 80km/h 左右时，转向盘发生抖动
(三) 轮胎动平衡检测

内容	作业	参考图片
准备设备、工具	准备轮胎动平衡机、锥度块、卡爪（未给出参考图片）、轮胎平衡专用测量尺及平衡块	（a）轮胎动平衡机

续表

内容	作业	参考图片
准备设备、工具	准备轮胎动平衡机、锥度块、卡爪（未给出参考图片）、轮胎平衡专用测量尺及平衡块	（b）锥度块 （c）轮胎平衡专用测量尺 （d）平衡块
拆卸异常轮胎	用扭力扳手拆卸异常轮胎的螺栓。 注意：先松后拆	

续表

续表

内容	作业	参考图片
拆卸异常轮胎	将车辆安全平稳地举升至工作高度并落锁，取下异常轮胎	
目视检查	将异常轮胎充气至规定气压值，观察轮胎表面有无裂痕、花纹中有无沙石等异物，若有，则应将其清理干净	（a） （b）
安装轮胎	选择合适的锥度块并将其安装在轮胎动平衡机的主轴上，注意锥面朝外。之后，安装轮胎，并用卡爪锁紧	

续表

内容	作业	参考图片
测量数值并录入	用轮胎动平衡机上的距离测量尺测量轮毂内缘到操作台的距离并输入轮胎动平衡机	(a) (b)
	用轮胎平衡专用测量尺测量轮辋宽度并输入轮胎动平衡机	(a) (b)

续表

内容	作业	参考图片
测量数值并录入	读取轮胎上标注的轮毂半径并输入轮胎动平衡机	（a） （b）
轮胎动平衡试验	关上轮胎动平衡机防护罩，开始试验。 注意：部分轮胎动平衡机需要按下 STRAT 键	
	车轮自动停转后，打开轮胎动平衡机防护罩	

续表

内容	作业	参考图片
轮胎动平衡试验	用手慢慢转动车轮,当轮胎动平衡机内侧发出信号时,踩下轮胎锁止转动踏板	
	按操作面板显示的要求粘贴平衡块(外侧平衡块也按上述步骤粘贴)	
	贴好平衡块后,再次盖上轮胎动平衡机防护罩,进行动平衡试验,直到不平衡量小于 5g,轮胎动平衡机面板显示合格为止,调整完成	

(四)排除故障

重新固定合适的平衡块

(五)确认及恢复车辆

试车时,轮胎异常的车轮恢复正常工作

(六)7S

7S 分别是整理(Seiri)、整顿(Seiton)、清扫(Seiso)、清洁(Seiketsu)、素养(Shitsuke)、安全(Safety)、节约(Saving)。
具体要求:整理工位杂物,整顿工位物品并摆放整齐,清扫实训场地,清洁实训设施设备,培养精益求精的职业素养,合理利用实训资源,节约成本、减少浪费

知识链接

当纯电动汽车的车轮轮胎在行驶过程出现不平衡的问题时，会造成车轮跳动、转向盘抖动和偏转，导致纯电动汽车的相关零件损坏，进而缩短了纯电动汽车的使用寿命。尤其是在汽车高速行驶时，这种问题更会加剧轮胎和相关零件的异常磨损与冲击。

若遇到以下情况，应对轮胎进行动平衡检测。

（1）汽车更换了新的轮胎、轮毂或补过轮胎。

（2）轮胎受到大的撞击，或轮胎从钢圈上剥离过，或长时间使用造成轮胎严重磨损，或由于颠簸导致平衡块丢失等。

（3）在汽车高速行驶时出现转向盘抖动或者有节奏的车轮异响。

工作页

任务：轮胎动平衡检测

任务内容：

1. 安全规范地完成轮胎动平衡检测。
2. 了解纯电动汽车如何调整轮胎动平衡。

基本要求：

1. 能掌握如何安全规范地检测轮胎动平衡。
2. 逐步培养学生独立操作的能力，提高其实验、实训技能水平及团队合作能力

内容	操作过程	记录与判断	
整体检查	准备车轮固定螺栓拆装工具	□ 完成	□ 未完成
	准备轮胎动平衡机	□ 完成	□ 未完成
	准备锥度块	□ 完成	□ 未完成
	准备卡爪	□ 完成	□ 未完成
	准备轮胎平衡专用测量尺	□ 完成	□ 未完成
	准备若干平衡块	□ 完成	□ 未完成
操作流程	清洁轮胎（用专用工具清理花纹中的石子和泥土）	□ 完成	□ 未完成
	检查轮辋应无明显变形	□ 完成	□ 未完成
	检查轮胎气压，标准值为（220～280）kPa	□ 完成	□ 未完成
	检查轮胎动平衡机开关	□ 完成	□ 未完成
	检查卡爪性能	□ 完成	□ 未完成
	安装车轮并固定	□ 完成	□ 未完成
	查看轮毂直径并输入数值	□ 完成	□ 未完成
	测量轮毂内缘到操作台的距离并输入数值	□ 完成	□ 未完成
	测量轮辋宽度并输入数值	□ 完成	□ 未完成
	关上轮胎动平衡机防护罩，开始试验	□ 完成	□ 未完成
	检查试验数据	□ 完成	□ 未完成
	缓慢转动车轮，踩下轮胎锁止转动踏板	□ 完成	□ 未完成
	粘贴平衡块	□ 完成	□ 未完成
	重新试验，查看试验数据	□ 完成	□ 未完成
验证	若试验数据异常，应重复上述操作流程	□ 正常	□ 异常

续表

课后反思	请谈谈你在本次学习中收获了什么？（可以写出优点和不足）				
评价	评分项目	评分内容	配分	自评分	教师评分
	完成情况	是否在规定时间内按要求完成任务	20		
	操作工艺	操作步骤是否正确、规范	40		
	安全操作	是否文明操作，是否符合安全要求	20		
	7S 情况	是否符合整理、整顿、清扫、清洁、素养、安全和节约要求	10		
	工匠精神	是否细致认真地完成操作，是否有违反职业行为规范的情况	10		

子任务4　汽车悬架的检修

学习内容

以东风风行 S50EV 为例，学习汽车悬架的检修方法。

教学用具

实训车辆（东风风行 S50EV）、新能源汽车专用工具、手套、电筒等。

学习目标

1. 能说出实训车辆前后悬架的名称。
2. 能在实训车辆上找到悬架的组成部件，并查阅维修手册进行检修。
3. 通过实训培养学生的动手操作能力，并助其养成耐心谨慎、一丝不苟、小组团结协作的职业素养。

学习建议

1. 先由教师示范正确操作，再由学生根据示范内容及作业单流程按步骤完成操作，可采用"一看，二做，三评价"的模式进行小组轮换。
2. 建议授课 2 课时。

实践操作

(一) 准备
将车辆停在有车辆举升机的工位
(二) 故障现象确认
在专用道上试车,当汽车通过不平路面时,乘员的乘坐舒适感变差,可明显感觉车辆的减振效果不足
(三) 举升车辆
将车辆安全平稳地举升至工作高度并落锁
(四) 悬架检测

内容	作业	参考图片
目视检查	初步检查前后悬架的整体情况,例如悬架各部件的连接是否正确,以及橡胶、防尘套有无损坏等	
前悬架检测	用扭力扳手检查前支柱连接车身的螺栓,规格为(28±2)N·m	
	用扭力扳手检查前悬架连接杆球头螺母,规格为(115±5)N·m	

续表

内容	作业	参考图片
前悬架检测	用扭力扳手检查前支柱连接转向节的螺母，规格为（142±8）N·m	
	用扭力扳手检查前支柱连接转向节的螺栓，规格为（142±8）N·m	
	用扭力扳手检查前摆臂安装螺母，规格为（142±10）N·m	
	用扭力扳手检查前摆臂球头锁紧螺栓，规格为（130±8）N·m	

续表

内容	作业	参考图片
前悬架检测	用扭力扳手检查前摆臂安装螺栓,规格为(142±8)N·m	
	用扭力扳手检查前副车架连接板后侧安装螺栓,规格为(80±8)N·m	
	用扭力扳手检查前副车架连接板前侧安装螺栓,规格为(100±9)N·m	
	用扭力扳手检查横向稳定杆支架安装螺栓,规格为(34±3)N·m	

续表

内容	作业	参考图片
后悬架检测	用扭力扳手检查后弹跳缓冲器安装螺栓，规格为（25±2）N·m	
	用扭力扳手检查后减振器上方安装螺栓，规格为（120±12）N·m	
	用扭力扳手检查后副车架安装螺栓，规格为（100±10）N·m	
	用扭力扳手检查后悬架上摆臂连接副车架的螺栓、螺母，规格均为（150±10）N·m	

续表

内容	作业	参考图片
后悬架检测	用扭力扳手检查后悬架上摆臂连接纵臂的螺栓、螺母，规格均为（150±10）N·m	
	用扭力扳手检查后悬架下摆臂连接纵臂的螺栓，规格为（150±10）N·m	
	用扭力扳手检查后悬架下摆臂连接副车架的螺栓、螺母，规格均为（150±10）N·m	
	用扭力扳手检查后纵臂安装支架螺栓，规格为（130±10）N·m	

续表

内容	作业	参考图片
后悬架检测	用扭力扳手检查后纵臂调整螺栓，规格为（150±10）N·m	
	用扭力扳手检查后纵臂安装支架撑杆螺栓，规格为（53±5）N·m	
	用扭力扳手检查后减振器下方安装螺栓，规格为（150±10）N·m	
	用扭力扳手检查后悬架拉杆安装螺母、螺栓，规格均为（110±11）N·m	

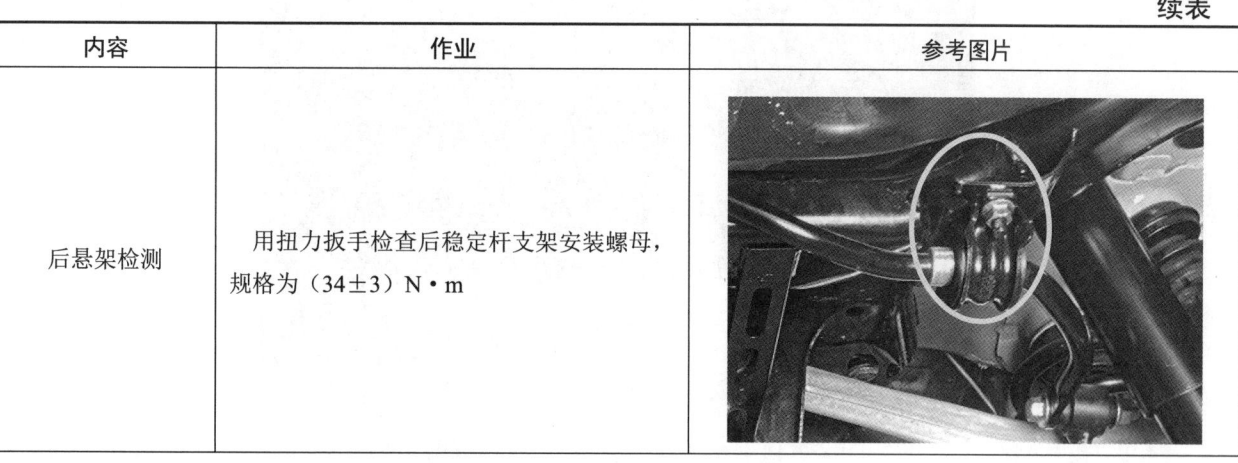

续表

内容	作业	参考图片
后悬架检测	用扭力扳手检查后稳定杆支架安装螺母，规格为（34±3）N·m	

（五）排除故障

紧固悬架上的各螺栓、螺母，处理相应故障部位

（六）确认及恢复车辆

试车时，汽车减振效果恢复正常

（七）7S

7S 分别是整理（Seiri）、整顿（Seiton）、清扫（Seiso）、清洁（Seiketsu）、素养（Shitsuke）、安全（Safety）、节约（Saving）。具体要求：整理工位杂物，整顿工位物品并摆放整齐，清扫实训场地，清洁实训设施设备，培养精益求精的职业素养，合理利用实训资源，节约成本、减少浪费

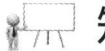

知识链接

汽车悬架由导向机构、弹性元件及减振器组成，可以通过看、扭、验车等方法对悬架的部件及紧固件等进行检查，查找故障并将其排除。东风风行 S50EV 的前悬架为麦弗逊式独立悬架，后悬架为多连杆式独立悬架。当悬架出现故障时，车辆在行驶时会出现异响，影响驾乘体验，甚至危及行车安全。东风风行 S50EV 前悬架和后悬架的结构分别如图 2-4-13 和图 2-4-14 所示。

图 2-4-13　东风风行 S50EV 前悬架的结构

图 2-4-14　东风风行 S50EV 后悬架的结构

工作页

任务：汽车悬架的检修

任务内容：

1. 检查悬架的工作状态。
2. 检查悬架的紧固件。

基本要求：

1. 能独立检查悬架的故障。
2. 能对悬架外观进行检查。
3. 能按照维修手册要求紧固悬架的各种紧固件

内容	操作过程	记录与判断		
目视检查	检查左前悬架的防尘套、球头、橡胶、减振器	□ 漏油	□ 损坏	□ 正常
	检查右前悬架的防尘套、球头、橡胶、减振器	□ 漏油	□ 损坏	□ 正常
	检查左后悬架的防尘套、球头、橡胶、减振器	□ 漏油	□ 损坏	□ 正常
	检查右后悬架的防尘套、球头、橡胶、减振器	□ 漏油	□ 损坏	□ 正常
	检查悬架有无异常磨损	□ 有		□ 无
前悬架检修	注意： （1）按标准力矩紧固相应螺栓及螺母。 （2）正确使用专用工具。 （3）佩戴安全帽、手套，注意安全			
	紧固前支柱连接车身的螺栓，规格为（28±2）N·m	□ 完成		□ 未完成
	紧固前悬架连接杆球头螺母，规格为（115±5）N·m	□ 完成		□ 未完成
	紧固前支柱连接转向节的螺母、螺栓，规格均为（142±8）N·m	□ 完成		□ 未完成
	紧固前摆臂安装螺母，规格为（142±10）N·m	□ 完成		□ 未完成
	紧固前摆臂球头锁紧螺栓，规格为（130±8）N·m	□ 完成		□ 未完成
	紧固前摆臂安装螺栓，规格为（142±8）N·m	□ 完成		□ 未完成
	紧固前副车架连接板后侧安装螺栓，规格为（80±8）N·m	□ 完成		□ 未完成
	紧固前副车架连接板前侧安装螺栓，规格为（100±9）N·m	□ 完成		□ 未完成
	紧固横向稳定杆支架安装螺栓，规格为（34±3）N·m	□ 完成		□ 未完成

续表

内容	操作过程	记录与判断	
后悬架检修	紧固后弹跳缓冲器安装螺栓，规格为（25±2）N·m	□ 完成	□ 未完成
	紧固后减振器上方安装螺栓，规格为（120±12）N·m	□ 完成	□ 未完成
	紧固后副车架安装螺栓，规格为（100±10）N·m	□ 完成	□ 未完成
	紧固后悬架上摆臂连接副车架的螺栓、螺母，规格均为（150±10）N·m	□ 完成	□ 未完成
	紧固后悬架上摆臂连接纵臂的螺栓、螺母，规格均为（150±10）N·m	□ 完成	□ 未完成
	紧固后悬架下摆臂连接纵臂的螺栓，规格均为（150±10）N·m	□ 完成	□ 未完成
	紧固后悬架下摆臂连接副车架的螺栓、螺母，规格均为（150±10）N·m	□ 完成	□ 未完成
	紧固后纵臂安装支架螺栓，规格为（130±10）N·m	□ 完成	□ 未完成
	紧固后纵臂调整螺栓，规格为（150±10）N·m	□ 完成	□ 未完成
	紧固后纵臂安装支架撑杆螺栓，规格为（53±5）N·m	□ 完成	□ 未完成
	紧固后减振器下方安装螺栓，规格为（150±10）N·m	□ 完成	□ 未完成
	紧固后悬架拉杆安装螺母、螺栓，规格均为（110±11）N·m	□ 完成	□ 未完成
	紧固后稳定杆支架安装螺母，规格为（34±3）N·m	□ 完成	□ 未完成
课后反思	请谈谈你在本次学习中收获了什么？（可以写出优点和不足）		

评价	评分项目	评分内容	配分	自评分	教师评分
	完成情况	是否在规定时间内按要求完成任务	20		
	操作工艺	操作步骤是否正确、规范	40		
	安全操作	是否文明操作，是否符合安全要求	20		
	7S 情况	是否符合整理、整顿、清扫、清洁、素养、安全和节约要求	10		
	工匠精神	是否细致认真地完成操作，是否有违反职业行为规范的情况	10		

子任务5　轮胎异常磨损的检修

学习内容

以东风风行 S50EV 为例，学习轮胎异常磨损的检修方法。

教学用具

实训车辆（东风风行 S50EV）、四轮定位仪、新能源汽车专用工具、手套、手电筒、120

件套装工具等。

目标

1. 能说出四轮定位的调整原因与原理。
2. 能在实训车辆上找出前轮前束、前轮倾角、后轮前束、后轮倾角的调整螺栓。
3. 通过实训培养学生的动手操作能力,并助其养成耐心谨慎、一丝不苟、小组团结协作的职业素养。

学习建议

1. 先由教师示范正确操作,再由学生根据示范内容及作业单流程按步骤完成操作,可采用"一看,二做,三评价"的模式进行小组轮换。
2. 建议授课4课时。

诊断思路

客户向4S店反映自己驾驶的汽车出现轮胎异常磨损和转向盘自动回正失效的问题。在接到故障车辆后,维修技师针对上述问题进行检修,其流程如图2-4-15所示。

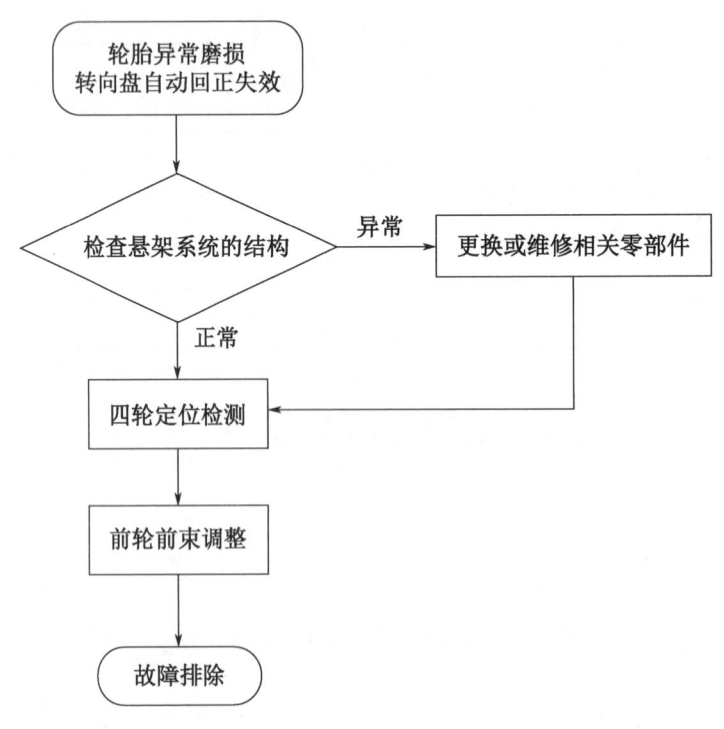

图 2-4-15 轮胎异常磨损和转向盘自动回正失效的检修流程

实践操作

(一)准备
把车辆停在有车辆举升机的工位
(二)故障现象确认
在专用道上试车,当车辆通过不平路面时,其行驶方向会跑偏,轮胎也会出现异常磨损
(三)举升车辆
将车辆安全平稳地举升至工作高度并落锁
(四)四轮定位调整

内容	作业	参考图片
前期准备	将车轮与转盘对正	
	将每个车轮对角的3个螺母更换为专用螺母	
	安装四轮磁力夹具,装上安全钩	

续表

内容	作业	参考图片
前期准备	对准安装孔安装信号板	
	将信号板调整至水平位置，拧紧固定销	
	安装信号收发器	
车型数据录入	打开四轮定位软件	

续表

内容	作业	参考图片
车型数据录入	选择"常规检测"	
	输入维修单信息	
	车辆型号选择"风行 S50EV"	
	填写轮胎相关信息(驾驶员侧车门、轮胎上有对应标签)	

续表

内容	作业	参考图片
定位测量	注意事项： （1）悬架装置和转向系统的零件无异常磨损。 （2）车轮状态良好。 （3）左右车轮满负荷时的轮胎气压相同	
	进行信号板信号接收测试，显示"√"表明信号正常，反之，应检查信号板是否脏污或有异物遮挡信号	
	轮毂偏位补偿：向后推动车辆，查看相关提示	
	轮毂偏位补偿：向前推动车辆，查看相关提示	

续表

内容	作业	参考图片
定位测量	轮毂偏位补偿：推动车辆回到初始位置，查看相关提示（注意时间）	
	开始测量，缓慢、匀速地向左转动转向盘，查看相关提示	
	开始测量，缓慢、匀速地向右转动转向盘，查看相关提示	
	将转向盘回正，等待相关提示	

续表

内容	作业	参考图片
定位测量	查看测量结果后，查询维修数据并准备调整	
	根据维修数据进行调整	
前轮前束调整	拧松固定螺帽，转动调整螺栓，将前轮前束角度调整至专业维修手册规定值	
调整前轮其他定位参数	找到用于调整前轮主销内（外）倾角的偏心螺栓并按专业维修手册要求调整	

续表

内容	作业	参考图片
后轮前束调整	找到用于调整后轮前束的固定螺帽，按专业维修手册要求调整	
调整后轮其他定位参数	找到用于调整后轮主销内（外）倾角的垫片、螺栓并按专业维修手册要求调整	

（五）调整结束
按专业维修手册要求紧固所有调整完毕的螺栓
（六）确认及恢复车辆
试车时，汽车不跑偏，轮胎也无异常磨损
（七）7S
7S 分别是整理（Seiri）、整顿（Seiton）、清扫（Seiso）、清洁（Seiketsu）、素养（Shitsuke）、安全（Safety）、节约（Saving）。具体要求：整理工位杂物，整顿工位物品并摆放整齐，清扫实训场地，清洁实训设施设备，培养精益求精的职业素养，合理利用实训资源，节约成本、减少浪费

知识链接

四轮定位是指利用专用设备对车辆前进方向上轮胎与前轮平面的夹角进行检测、调整，从而防止车辆跑偏、轮胎异常磨损。

四轮定位的目的是保证汽车正常直线行驶，减少轮胎和其他机件的磨损。首先通过四轮定位仪对前轮前束及主销的内（外）倾角等参数进行激光定位检测，再通过调整相关螺栓将四轮定位参数调至最佳状态。如果车辆在行驶过程中出现轮胎异常磨损、方向跑偏等问题，应立即将其送至维修厂进行专业检修。

如图 2-4-16 所示，四轮定位仪包括信号板（见图 2-4-17）和信号收发器（见图 2-4-18）。

图 2-4-16　四轮定位仪

图 2-4-17　信号板

图 2-4-18　信号收发器

工作页

任务：四轮定位调整

任务内容：

1．检查轮胎磨损状态。

2．调整四轮定位。

基本要求：

1．能正确使用四轮定位仪完成数据录入及测量。

2．能对轮胎进行基本检查。

3．能按照专业维修手册要求调整四轮定位参数。

续表

内容	操作过程	记录与判断	
目视检查	检查轮胎有无异常磨损	□ 无	□ 有
	检查所有车轮的轮胎气压是否一致	□ 一致	□ 不一致
	检查悬架及转向系统有无磕碰、连接状态是否正常	□ 正常	□ 异常
前轮前束及其他定位参数调整	注意： （1）按标准力矩紧固螺栓。 （2）注意正确使用工具。 （3）佩戴安全帽、手套，注意安全		
	将左前车轮前束调整至 0°03′±0°01′	□ 完成	□ 未完成
	将右前车轮前束调整至 0°03′±0°01′	□ 完成	□ 未完成
	找到前轮内（外）倾角调整螺栓并做调整	□ 完成	□ 未完成
后轮前束及其他定位参数调整	找到后轮前束调整螺栓并做调整	□ 完成	□ 未完成
	找到后轮内（外）倾角调整螺栓、垫片并做调整	□ 完成	□ 未完成
课后反思	请谈谈你在本次学习中收获了什么？（可以写出优点和不足）		

	评分项目	评分内容	配分	自评分	教师评分
评价	完成情况	是否在规定时间内按要求完成任务	20		
	操作工艺	操作步骤是否正确、规范	40		
	安全操作	是否文明操作，是否符合安全要求	20		
	7S 情况	是否符合整理、整顿、清扫、清洁、素养、安全和节约要求	10		
	工匠精神	是否细致认真地完成操作，是否有违反职业行为规范的情况	10		

第三篇 城市精灵篇之宝骏E100

任务一　驱动系统检修

在实践操作中，磨练自己刻苦学习的意志，切实体会"宝剑锋从磨砺出，梅花香自苦寒来"的精神。

请大家根据课堂上教授的知识进行实际操作，从而可以更好地检验学习效果。

扫一扫获取学习资源

子任务1　驱动系统的基础知识

学习内容

以宝骏E100汽车为例，学习驱动系统的基础知识。

教学用具

实训车辆（宝骏E100汽车）、车内防护套（地板垫、座椅套、转向盘套、变速杆套）与车外防护套（前格栅布、翼子板布）等。

学习目标

1. 能说出纯电动汽车驱动系统的组成及作用。
2. 通过实训培养学生的学习能力，并助其养成耐心谨慎、一丝不苟、团结协作的职业素养。

学习建议

1. 学生可通过线上平台进行预习或复习。
2. 建议授课 1 课时。

知识链接

一、工作原理

宝骏 E100 汽车的控制逻辑如图 3-1-1 所示。

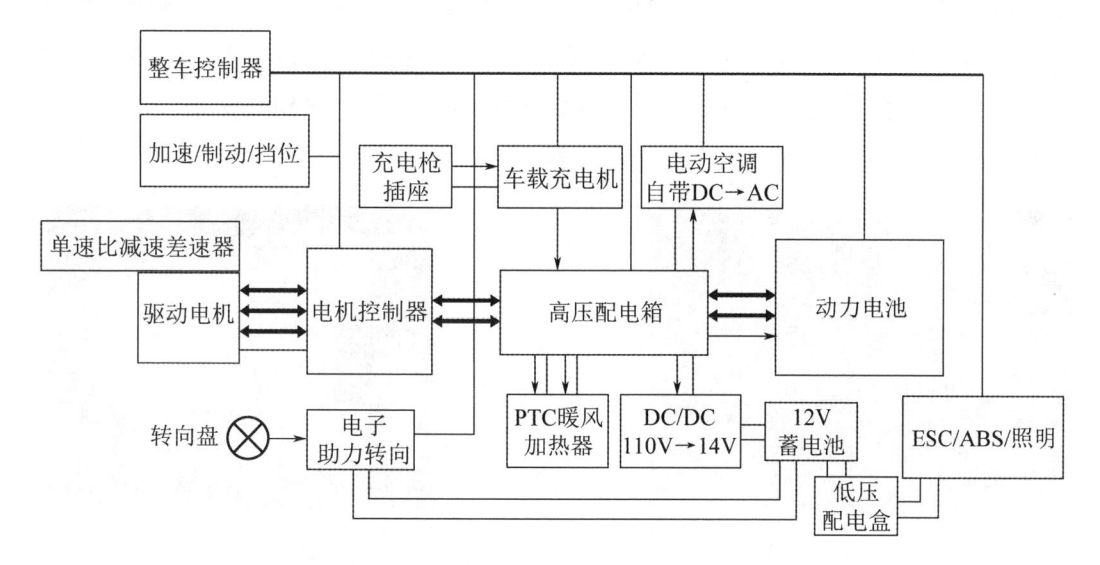

图 3-1-1　宝骏 E100 汽车的控制逻辑

宝骏 E100 汽车的驱动电机数据见表 3-1-1。

表 3-1-1　宝骏 E100 汽车的驱动电机数据

制造企业	上汽通用五菱汽车股份有限公司
型号	LZW7000EVA
动力形式	纯电驱动系统
匹配车型	纯电动车型
电机最大功率	29kW
电机最大转矩	110N·m
纯电续驶里程（NEDC）	155km
技术亮点	宝骏 E100 汽车装用的驱动电机为永磁同步电机，它是目前市场上应用较多的动力总成，具有以下优点：体积小、质量小，功率密度大，效率高，高效区广，恒功率范围广，安全性、舒适性高，可有效回收能量

二、主要部件

宝骏 E100 汽车的驱动系统主要由动力电池、整车控制器（VCU）、驱动电机、电机控制器（MCU）、车载充电机（OBC）、高压配电箱（PDU）、各种传感器（加速踏板位置传感器、制动踏板开关、选挡开关、起动开关等）、传动装置（减速器）及车轮等组成。

1．驱动电机

驱动电机是一个由三相高压电驱动的电机，如图 3-1-2 所示。

2．电机控制器

电机控制器（见图 3-1-3）是纯电动汽车驱动电机控制系统的重要组成部件，它主要用于调节驱动电机的运行状态，以使其能满足整车不同的运行要求。电机控制器从整车控制器处获悉整车的运行要求（如挡位、加速、制动等指令），并从动力电池处获得电能后，经自身逆变器调制，输出相关指令给驱动电机，从而控制驱动电机的转速和转矩满足整车的运行要求（起动、加速、制动、减速、爬坡、能量回收等）。

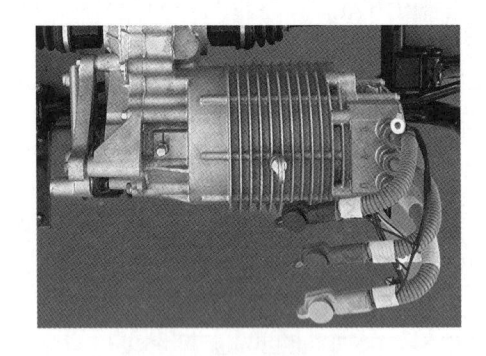

图 3-1-2　驱动电机　　　　　　　　图 3-1-3　电机控制器

3．加速踏板位置传感器

加速踏板位置传感器（见图 3-1-4）安装在汽车加速踏板附近，其主要作用是监测加速踏板的行程，反映驾驶人的驾驶意图。当驾驶人踩下加速踏板后，加速踏板位置传感器将相关信号发送给整车控制器，整车控制器根据收到的信号做出判断并输出相应指令控制整车车速。

4．制动踏板开关

制动踏板开关（见图 3-1-5）也是汽车制动系统的重要组成部分，其作用是检测车辆制动踏板的状态，从而控制汽车的运行状态，尤其是在防止车轮发生抱死时。

图 3-1-4　加速踏板位置传感器　　　　图 3-1-5　制动踏板开关

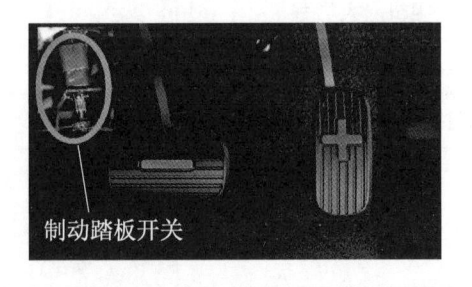

5. 减速器

减速器（见图3-1-6）采用二级齿轮减速方式，与差速器集成在一起，其作用是匹配不同机构之间的转速和传递转矩，实现降速增矩。减速器是一种由封闭在刚性壳体内的齿轮、蜗杆等所组成的部件，也是一种相对精密的机械装置。

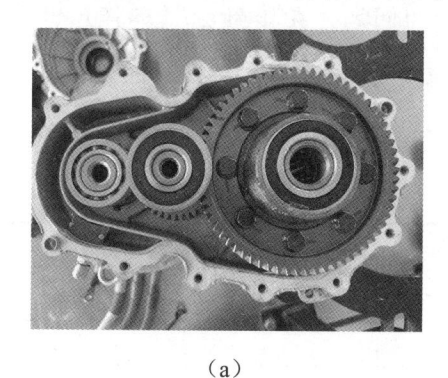

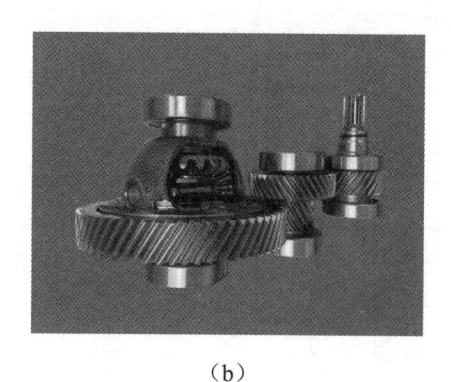

（a）　　　　　　　　　　　（b）

图3-1-6　减速器

子任务2　驱动轴异响的检修

学习内容

以宝骏E100汽车为例，学习驱动轴异响的检修方法。

教学用具

实训车辆（宝骏E100汽车）、新能源汽车专用工具、车内防护套（地板垫、座椅套、转向盘套、变速杆套）与车外防护套（前格栅布、翼子板布）、橡胶锤、尖嘴钳等。

学习目标

1. 能简单描述驱动轴的作用。
2. 能根据操作步骤在实训车辆上规范完成驱动轴的检修工作。
3. 通过实训培养学生的动手操作能力，并助其养成耐心谨慎、一丝不苟、团结协作的职业素养。

学习建议

1. 先由教师示范正确操作，再由学生根据示范内容及作业单流程按步骤完成操作，可采用"一看，二做，三评价"的模式进行小组轮换。

2. 建议授课 3 课时。

诊断思路

客户向 4S 店反映自己驾驶的汽车出现驱动轴异响的问题。在接到故障车辆后,维修技师针对上述问题进行检修,其流程参见第二篇任务一中的子任务 2。

实践操作

(一)准备		
安排车辆举升工位,准备常用拆装工具		
(二)故障现象确认		
试车时,整车出现振动、异响,车辆转弯时也有异响		
(三)拆卸操作		
内容	作业	参考图片
拆卸驱动轴	这里以低配车型为例,拉紧驻车制动手柄,将车辆举升至工作高度并落锁	
	拧松变速器放油螺栓,排出变速器齿轮油	
	将车辆下降至初始位置后,标记轮胎装饰罩与轮胎气嘴对应位置	

续表

内容	作业	参考图片
拆卸驱动轴	取下轮胎装饰罩，注意将其光面朝上	
	拧松半轴锁紧螺母	
	预松轮胎螺母。 注意：拆卸时需要沿对角线分次拧松	
	再次将车辆举升至工作高度并落锁	

续表

内容	作业	参考图片
拆卸驱动轴	拆卸轮胎螺母后，取下轮胎。 注意：取下轮胎时应适当抬起轮胎，避免暴力拆卸损伤固定螺栓	
	拆卸轮速传感器	
	拆卸拉杆球头卡销	
	拧松拉杆球头螺母	

续表

内容	作业	参考图片
拆卸驱动轴	使用专用工具拆卸球头	
	拧松下摆臂与转向节的连接螺母	
	拆下驱动轴并放好	(a) (b)

（四）故障排除

处理相应故障件或故障点

（五）安装操作

按照与拆卸相反的顺序安装驱动轴。

注意：各紧固件的紧固力矩应查阅专业维修手册

（六）7S

7S 分别是整理（Seiri）、整顿（Seiton）、清扫（Seiso）、清洁（Seiketsu）、素养（Shitsuke）、安全（Safety）、节约（Saving）。

具体要求：整理工位杂物，整顿工位物品并摆放整齐，清扫实训场地，清洁实训设施设备，培养精益求精的职业素养，合理利用实训资源，节约成本、减少浪费

知识链接

驱动轴的作用是在有一定角度的条件下在动力源和从动件之间传递动力,从而驱动汽车前进或倒退。驱动轴通过传动装置将驱动电机输出的动力传递给车轮,同时承受车辆行驶中遇到的颠簸和振动。宝骏 E100 汽车的驱动轴结构如图 3-1-7 所示。其中,左前驱动轴如图 3-1-8 所示,右前驱动轴如图 3-1-9 所示。

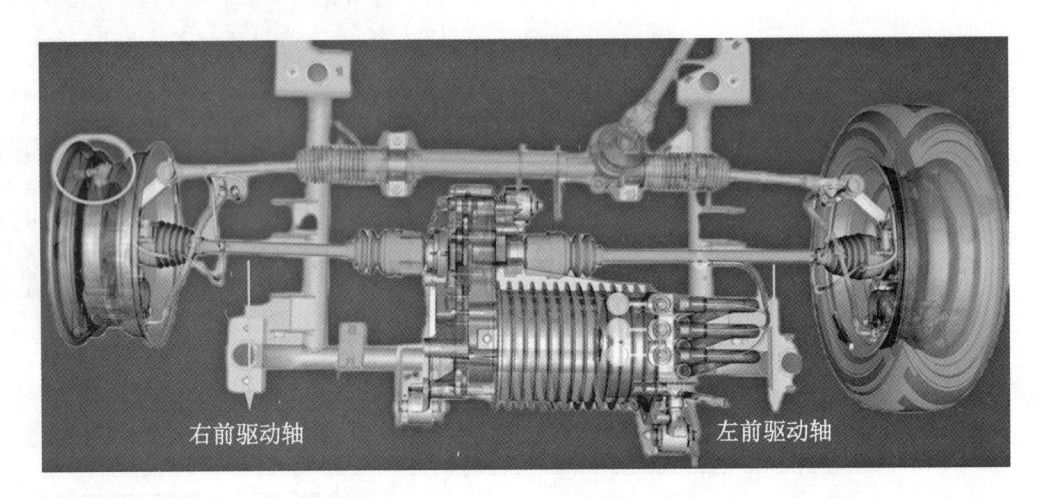

图 3-1-7 宝骏 E100 汽车的驱动轴结构

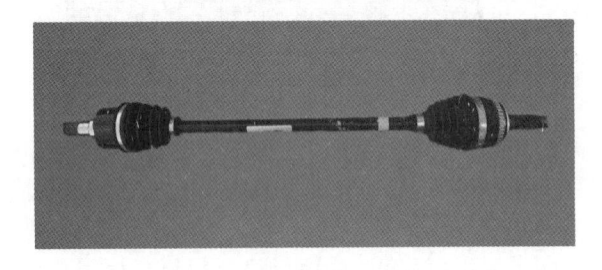

图 3-1-8 左前驱动轴　　　　　　　图 3-1-9 右前驱动轴

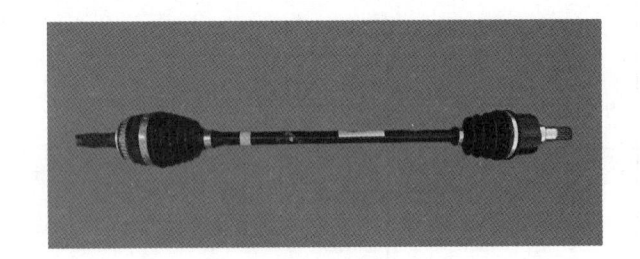

工作页

任务:驱动轴异响的检修

任务内容:驱动轴的拆装与检查。

基本要求:

1. 能独立且正确地拆装驱动轴。
2. 能对驱动轴进行检查

内容	操作过程	记录与判断		
整体检查	驱动轴油封有无渗漏、漏油	□ 渗漏	□ 漏油	□ 无
	是否正确穿戴个人防护用品	□ 是		□ 否
	是否在拆卸前切断高压电、拔下维修开关及断开低压蓄电池负极	□ 是		□ 否
	是否在切断低压电后等待 5min,再验电	□ 是		□ 否

续表

内容	操作过程	记录与判断	
拆装驱动轴	将车辆停在有车辆举升机的工位处	□ 完成	□ 未完成
	拉紧驻车制动手柄（低配车型）	□ 完成	□ 未完成
	拧松变速器放油螺栓，排出变速器齿轮油	□ 完成	□ 未完成
	拧松半轴锁紧螺母	□ 完成	□ 未完成
	拧松轮胎螺母	□ 完成	□ 未完成
	取下轮胎	□ 完成	□ 未完成
	拆卸轮速传感器	□ 完成	□ 未完成
	拆卸拉杆球头卡销	□ 完成	□ 未完成
	拧松拉杆球头螺母	□ 完成	□ 未完成
	拆卸球头	□ 完成	□ 未完成
	拧松下摆臂与转向节的连接螺母	□ 完成	□ 未完成
	拆下驱动轴	□ 完成	□ 未完成
	按与拆卸相反的顺序安装驱动轴	□ 完成	□ 未完成
检查	检查驱动轴有无磨损、损坏	□ 有	□ 无
	检查驱动轴油封有无损坏	□ 有	□ 无
课后反思	请谈谈你在本次学习中收获了什么？（可以写出优点和不足）		

评价	评分项目	评分内容	配分	自评分	教师评分
评价	完成情况	是否在规定时间内按要求完成任务	20		
	操作工艺	操作步骤是否正确、规范	40		
	安全操作	是否文明操作，是否符合安全要求	20		
	7S 情况	是否符合整理、整顿、清扫、清洁、素养、安全和节约要求	10		
	工匠精神	是否细致认真地完成操作，是否有违反职业行为规范的情况	10		

子任务3　减速器异响的检修

学习内容

以宝骏 E100 汽车为例，学习减速器异响的检修方法。

教学用具

实训车辆（宝骏 E100 汽车）、新能源汽车专用工具、车内防护套（地板垫、座椅套、转向盘套、变速杆套）与车外防护套（前格栅布、翼子板布）等。

学习目标

1. 能简单描述减速器的工作原理。
2. 能根据操作步骤在实训车辆上规范完成减速器的检修工作。
3. 通过实训培养学生的动手操作能力,并助其养成耐心谨慎、一丝不苟、团结协作的职业素养。

学习建议

1. 先由教师示范正确操作,再由学生根据示范内容及作业单流程按步骤完成操作,可采用"一看,二做,三评价"的模式进行小组轮换。
2. 建议授课4课时。

诊断思路

客户向4S店反映自己驾驶的汽车出现减速器异响的问题。在接到故障车辆后,维修技师针对上述问题进行检修,其流程参见第二篇任务一中的子任务3。

实践操作

(一)准备

准备常用拆装工具、绝缘手套

(二)故障现象确认

试车时,减速器部位出现异响且有大的抖动

(三)拆卸操作

内容	作业	参考图片
安全检查与防护	(1)在拆卸减速器前,先拆卸半轴等相关附件。 (2)将车辆安全平稳地举升至工作高度后落锁。 (3)拆卸维修开关或断开高压母线	
排放齿轮油	拆卸减速器放油螺栓,排出齿轮油。 注意:使用专用容器盛放排出的齿轮油	

续表

内容	作业	参考图片
断开高压电	拆卸 6 个底板固定螺栓	(a) (b)
	拔下动力电池端进电母线插头。 注意：戴好绝缘手套	
断开低压电	拔下驱动电机低压插头	
拆卸电机的主要连接件	降下车辆后，拆卸电机控制器盖螺栓	

续表

内容	作业	参考图片
拆卸电机的主要连接件	拆卸三相电缆上的搭铁线	
	拆卸连接电机控制器的三相线固定螺栓。 注意：戴好绝缘手套并使用绝缘工具	(a) (b)
	拆卸万向节紧固螺栓。 说明：万向节紧固螺栓位于驾驶室内转向柱的下方	

续表

内容	作业	参考图片
拆卸电机的主要附件	再次举升车辆后，拆卸空调压缩机，分离其和电机。 注意：无须拆下整个压缩机，只需在拧松连接螺栓后将其吊住	
	使用电动举升装置从底部托举元宝梁整个支架，待拆下固定螺栓后，降下元宝梁整个支架。 注意：使用电动举升装置时，应注意观察有无被勾到或刮到	
分离驱动电机与支架	拆卸空调支架的3个螺栓	
	拆卸电机支架连接螺栓	(a)

续表

内容	作业	参考图片
分离驱动电机与支架	拆卸电机支架连接螺栓	(b) (c)
拆卸减速器	拆卸驱动电机总成和减速器盖螺栓。 注意：沿对角线分 2～3 次进行拆卸	
	拆卸 3 组齿轮	

续表

内容	作业	参考图片
拆卸减速器	拆下减速器。 说明：减速器采用二级减速，具有增矩的作用	（图示：二级、一级）

（四）检查

内容	作业	参考图片
减速器检查	1. 检查齿轮工作面是否存在点蚀、局部有无黑斑点。 2. 检查主、从动齿轮是否存在严重的疲劳点蚀及局部剥落。 3. 检查主动齿轮轴的轴端螺纹有无损伤。 4. 检查主动齿轮轴的轴承轴颈是否磨损。 5. 检查主动齿轮轴的前端花键是否磨损。 6. 检查主、从动齿轮面是否磨损	
轴承检查	检查所有轴承的滚动声、振动、温度及润滑状态	

（五）故障排除

处理相应故障件或故障点

（六）安装操作

按照与拆卸相反的顺序安装减速器。
注意：各紧固件的紧固力矩应查阅专业维修手册

（七）7S

7S分别是整理（Seiri）、整顿（Seiton）、清扫（Seiso）、清洁（Seiketsu）、素养（Shitsuke）、安全（Safety）、节约（Saving）。
具体要求：整理工位杂物，整顿工位物品并摆放整齐，清扫实训场地，清洁实训设施设备，培养精益求精的职业素养，合理利用实训资源，节约成本、减少浪费

知识链接

减速器主要由主动齿轮、从动齿轮、轴承及外壳组成。差速器主要由行星齿轮、半轴齿轮及差速器壳体组成，如图3-1-10所示。

减速器的作用是降速增矩，并在发动机纵置时改变转矩旋转方向。它依靠由齿数少的齿轮驱动齿数多的齿轮来实现减速，采用锥齿轮传动则可以改变转矩旋转方向。将减速器布置在动力向驱动轮分流之前的位置，有利于减小在其之前的传动部件（如变速器、传动轴等）所传递的转矩，从而减小这些部件的尺寸和质量。差速器是新能源汽车驱动桥的主要组成，

其作用是在向两侧半轴传递动力的同时,调节它们的转速,从而实现转速差,确保两侧车轮尽量以纯滚动的形式按不等半径行驶,减少轮胎与地面间的摩擦。驱动电机输出的动力经变速器从传动轴进入减速器后,直接驱动差速器壳体,差速器壳体又将动力传递给行星齿轮,行星齿轮带动左、右半轴齿轮,进而驱动车轮转动,左、右半轴的转速之和等于差速器壳体转速的两倍。当汽车直线行驶时,行星齿轮、半轴齿轮和驱动轮三者转速相同;当汽车转弯时,由于汽车驱动轮受力情况发生变化,并反馈在左、右半轴上,导致差速器原有的平衡状态遭到破坏,转速将重新分配,即内侧车轮转速减小,外侧车轮转速增加,以重新达到平衡状态。

图 3-1-10 差速器的组成

工作页

任务:减速器异响的检修

任务内容:
减速器的拆装与检查。

基本要求:
1. 能独立且正确地拆装减速器。
2. 能对减速器进行检查

内容	操作过程	记录与判断		
整体检查	减速器表面有无漏油	□ 漏油		□ 无
	减速器紧固螺栓有无松动	□ 松动		□ 无
	减速器表面有无划痕、污物	□ 划痕	□ 污物	□ 无
拆卸减速器	注意:安装减速器后加注齿轮油			
	排出减速器中的齿轮油	□ 完成		□ 未完成
	断开高压电	□ 完成		□ 未完成
	拆卸电机主要连接件	□ 完成		□ 未完成
	分离驱动电机与支架	□ 完成		□ 未完成
	拆卸差速器	□ 完成		□ 未完成

续表

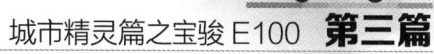

内容	操作过程	记录与判断	
减速器检查	检查齿轮工作面是否存在点蚀、局部有无黑斑点	□ 是	□ 否
	检查主、从动齿轮是否存在严重的疲劳点蚀及局部剥落	□ 是	□ 否
	检查主动齿轮轴的轴端螺纹有无损伤	□ 有	□ 无
	检查主动齿轮轴的轴承轴颈有无磨损	□ 有	□ 无
	检查主动齿轮轴的前端花键有无磨损	□ 有	□ 无
	检查主、从动齿轮面有无磨损	□ 有	□ 无
轴承检查	检查轴承的滚动声	□ 完成	□ 未完成
	检查轴承的振动	□ 完成	□ 未完成
	检查轴承的温度	□ 完成	□ 未完成
	检查轴承的润滑状态	□ 完成	□ 未完成
安装减速器	按照与拆卸相反的顺序安装减速器	□ 完成	□ 未完成
课后反思	请谈谈你在本次学习中收获了什么？（可以写出优点和不足）		

	评分项目	评分内容	配分	自评分	教师评分
评价	完成情况	是否在规定时间内按要求完成任务	20		
	操作工艺	操作步骤是否正确、规范	40		
	安全操作	是否文明操作，是否符合安全要求	20		
	7S情况	是否符合整理、整顿、清扫、清洁、素养、安全和节约要求	10		
	工匠精神	是否细致认真地完成操作，是否有违反职业行为规范的情况	10		

任务二 转向系统检修

转向系统通过各组成部分的协同工作，调节汽车的行驶方向。而在实际工作和学习过程中，人们也可以通过团结协作来提高效率、调整方向。"单丝不成线，独木不成林"，团结协作不仅是解决问题的方法，也是集体智慧的体现。

请大家通过任务的实践操作，加强团结协作，强化进取意识、合作意识，增强责任感、参与感。

扫一扫获取学习资源

子任务1　电子助力转向系统的基础知识

参见第二篇任务二中的子任务1进行学习，此处不再赘述。

子任务2　纯电动汽车转向沉重的检修

学习内容

以宝骏E100汽车为例，学习纯电动汽车转向沉重的检修方法。

教学用具

实训车辆（宝骏E100汽车）、新能源汽车专用工具、车辆举升机、四轮定位仪、故障诊断仪、万用表、胎压表、打气泵、车内防护套（地板垫、座椅套、转向盘套、变速杆套）与车外防护套（前格栅布、翼子板布）等。

学习目标

1. 能简单描述电子助力转向系统的工作原理。
2. 能根据操作步骤在实训车辆上排除汽车转向沉重的故障。
3. 通过实训培养学生的动手操作能力，并助其养成耐心谨慎、一丝不苟、团结协作的职业素养。

学习建议

1. 先由教师示范正确操作，再由学生根据示范内容及作业单流程按步骤完成操作，可采用"一看，二做，三评价"的模式进行小组轮换。
2. 建议授课2课时。

诊断思路

客户向4S店反映自己驾驶的汽车出现转向沉重的问题。在接到故障车辆后，维修技师针对上述问题进行检修，其流程参照第二篇任务二中的子任务2。

实践操作

（一）准备

准备车内外防护套及车轮挡块、车辆举升机、四轮定位仪、故障诊断仪、万用表、新能源汽车专用工具、胎压表、打气泵

（二）整体检查

内容	作业	参考图片
启动驻车制动	打开电子驻车开关	
胎压检测	用胎压表测量左、右前轮的胎压	

续表

内容	作业	参考图片
转向管柱检查	检查转向管柱,应无变形或与其他部件无摩擦	
转向拉杆系统检查	检查转向拉杆系统零件的情况,应无弯曲、老化、漏油,各处球销摩擦力小	
蓄电池检查	检查蓄电池的正、负极柱导线是否连接可靠、无腐蚀	
电子助力转向系统控制器的线束检查	检查电子助力转向系统控制器的线束,应接插完好、无松动	

(三)故障现象确认

内容	作业	参考图片
查看故障指示灯	若中控显示屏上的电子助力转向故障指示灯点亮,则说明存在故障	

续表

内容	作业	参考图片
查看故障指示灯	若中控显示屏上的电子助力转向故障指示灯未点亮，则说明无异常	

（四）读取故障码

内容	作业	参考图片
用故障诊断仪读取故障码	正确连接故障诊断仪	
	选择对应车型后，选择"系统选择"读取故障码	
	故障码显示 C156316、C166001	

（五）电子助力转向系统的电路检测

内容	作业	参考图片
检测相关熔断器	在机舱保险装置中查找以下熔断器： 	编号	名称	额定电流	说明
---	---	---	---
33	F202D（F2020D）	10A	电子助力转向系统诊断		

149

续表

内容	作业	参考图片
检测相关熔断器	对照编号，找到实际的 33 号熔断器（F202D）	
	打开起动开关，用万用表的直流电压挡测量 F202D 的电压，应为 12V。若所测电压为零或其只有一端有 12V 电压，说明电路或熔断器出现故障	
（六）四轮定位检测		
用四轮定位仪检查前轮的定位情况，其前束应正常。调整方式可参照本篇任务四中的子任务 4		
（七）排除故障		
更换故障件或处理相应故障部位		
（八）确认及恢复车辆		
试车时，电子助力转向功能恢复正常		
（九）7S		
7S 分别是整理（Seiri）、整顿（Seiton）、清扫（Seiso）、清洁（Seiketsu）、素养（Shitsuke）、安全（Safety）、节约（Saving）。 具体要求：整理工位杂物，整顿工位物品并摆放整齐，清扫实训场地，清洁实训设施设备，培养精益求精的职业素养，合理利用实训资源，节约成本、减少浪费		

知识链接

　　电子助力转向系统（Electric Power Steering，EPS）是一种直接依靠电动机提供辅助动力的转向系统，它主要由转向角度传感器、转向力矩传感器、车速传感器、电动机及控制器（ECU）等组成。其中，各传感器负责采集转向盘的转向力矩及车速等信息并发送给 ECU，ECU 则根据上述信息做出判断并输出指令控制电动机工作，从而完成转向助力。该系统可以针对不同车速提供不同的助力效果，确保汽车低速转向的轻便灵活和高速转向的稳定可靠。

工作页

任务：电子助力转向系统的检修

任务内容：
1. 检查电子助力转向系统的机械部分。
2. 检查电子助力转向系统的电路部分。

基本要求：
1. 能掌握电子助力转向系统的工作原理。
2. 能对电子助力转向系统进行整体检查。
3. 能对电子助力转向系统的电路进行检测

内容	操作过程	记录与判断	
整体检查	检测左、右前轮的胎压	□ 正常	□ 异常
	检查前轮定位	□ 正常	□ 异常
	检查转向管柱	□ 完好	□ 变形
	检查转向拉杆系统	□ 完好	□ 磨损
	检查蓄电池正、负极柱的导线	□ 完好	□ 松动
	检查电子助力转向系统控制器的线束	□ 完好	□ 松动
用故障诊断仪读取故障码与数据流	注意： （1）正确选择车型。 （2）正确选择系统读取故障码。 （3）正确选择系统读取数据流		
	1. 故障诊断仪显示的故障码：_____		
	电子助力转向系统供电电压：_____ V	□ 正常	□ 异常
	转向盘角度：_____ rad	□ 正常	□ 异常
	ECU 内部温度：_____ ℃	□ 正常	□ 异常
	转向盘输入力矩：_____ N·m	□ 正常	□ 异常
	整车速度：_____ km/h	□ 正常	□ 异常
	蓄电池电压：_____ V	□ 正常	□ 异常
	主转矩信号电压：_____ V	□ 正常	□ 异常
	副转矩信号电压：_____ V	□ 正常	□ 异常
	转向力矩传感器供电电压：_____ V	□ 正常	□ 异常
	转向助力电动机的电压：_____ V	□ 正常	□ 异常
	转向助力电动机的电流：_____ A	□ 正常	□ 异常
	转向助力电动机的转速：_____ r/min	□ 正常	□ 异常
	ABS 采集的车速：_____ km/h	□ 正常	□ 异常
	电机输出转矩：_____ N·m	□ 正常	□ 异常
	车速有效性	□ 有效	□ 无效
	电子助力转向系统是否完成标定	□ 是	□ 否
	有无安装电子助力转向系统	□ 有	□ 无
	电子助力转向系统是否找到机械中位	□ 是	□ 否
	电子助力转向系统标定值是否存储	□ 是	□ 否
	转向助力电动机的运行状态	□ 运行	□ 未运行
	转向助力电动机的转速有效性	□ 有效	□ 无效

续表

内容	操作过程	记录与判断	
测量电子助力转向系统的熔断器	（1）测量 33 号熔断器输入端对地电压为_____V	□ 正常	□ 损坏
	（2）测量 33 号熔断器输出端对地电压为_____V	□ 正常	□ 损坏
	（3）测量 33 号熔断器的电阻为_____Ω	□ 正常	□ 损坏
课后反思	请谈谈你在本次学习中收获了什么？（可以写出优点和不足）		

	评分项目	评分内容	配分	自评分	教师评分
评价	完成情况	是否在规定时间内按要求完成任务	20		
	操作工艺	操作步骤是否正确、规范	40		
	安全操作	是否文明操作，是否符合安全要求	20		
	7S 情况	是否符合整理、整顿、清扫、清洁、素养、安全和节约要求	10		
	工匠精神	是否细致认真地完成操作，是否有违反职业行为规范的情况	10		

任务三 制动系统检修

一个具有创新精神的人对事物应有敏锐的洞察力，若在日常生活中能够发现问题，敢于提出问题，善于大胆假设，跳出思维的局限看待事物，创新就会变得更简单。

每个故障的排除可能会有多种方法，若有新的想法，就可以尝试实现它，并通过思考与行动去判断和验证它，从而找到新的排除方法。

扫一扫获取学习资源

子任务1　汽车制动失效的检修

学习内容

以宝骏 E100 汽车为例，学习制动失效的检修方法。

教学用具

实训车辆（宝骏 E100 汽车）、新能源汽车专用工具、车内防护套（地板垫、座椅套、转向盘套、变速杆套）与车外防护套（前格栅布、翼子板布）、车轮挡块等。

学习目标

1. 能独立完成电动真空泵的更换。
2. 通过实训培养学生的动手操作能力，并助其养成耐心谨慎、一丝不苟、团结协作的职业素养。

学习建议

1. 先由教师示范正确操作，再由学生根据示范内容及作业单流程按步骤完成操作，可采用"一看，二做，三评价"的模式进行小组轮换。
2. 建议授课 1 课时。

诊断思路

客户向4S店反映自己驾驶的汽车出现制动失效的问题。在接到故障车辆后，维修技师检查制动液位正常，但在踩下5~8次制动踏板后阻力无变化，判断可能是电动真空泵或真空管路出现问题，遂进行检修，其流程参见第二篇任务三中的子任务2。

实践操作

（一）准备		
将车辆安全停在专用工位上，放置车轮挡块，安装车内三件套（转向盘套、座椅套、脚垫）		
（二）故障现象确认		
试车时，车辆的制动踏板行程变短，制动距离变长，制动效果变差		
（三）断电		
内容	作业	参考图片
切断电源	关闭起动开关	
	取下前盖	
	断开低压蓄电池的负极	

续表

（四）拆卸操作

内容	作业	参考图片
拆卸电动真空泵	拆卸前格栅	
	拆卸左前照灯	
	断开电动真空泵的插接器	
	断开电动真空泵的真空管接头	

续表

内容	作业	参考图片
拆卸电动真空泵	拧松电动真空泵的固定螺栓	
	拆下电动真空泵	

（五）安装操作

按照与拆卸相反的顺序安装新的电动真空泵

（六）故障排除

内容	作业	参考图片
用故障诊断仪读取数据流	打开起动开关，连接故障诊断仪，读取与电动真空泵相关的数据流：真空泵警告指示为故障，真空泵工作模式频率为0，说明相关系统有漏气故障，应继续排查	
	读取与电动真空泵相关的数据流：真空泵警告指示为故障，真空泵工作模式频率为199Hz，说明相关系统异常，应继续排查	

续表

内容	作业	参考图片
用故障诊断仪读取数据流	读取与电动真空泵相关的数据流：真空泵警告指示为正常。说明相关系统正常，可使用	

（七）确认及恢复车辆

试车时，多次踩下制动踏板，电动真空泵正常工作

（八）7S

7S 分别是整理（Seiri）、整顿（Seiton）、清扫（Seiso）、清洁（Seiketsu）、素养（Shitsuke）、安全（Safety）、节约（Saving）。
具体要求：整理工位杂物，整顿工位物品并摆放整齐，清扫实训场地，清洁实训设施设备，培养精益求精的职业素养，合理利用实训资源，节约成本、减少浪费

知识链接

真空泵主要由泵体、转子、滑块、泵盖、齿轮及密封圈等零件组成。当真空泵工作时，带有 4 个滑块的偏心转子沿逆时针方向旋转，滑块在自身离心力的作用下，紧贴泵体内壁滑行，进气腔空间不断扩大，空气通过进气管打开单向阀（起保压作用）进入进气腔。当滑块转至一定位置时，进气结束，吸入的空气被隔离，转子继续旋转，被隔离的空气被逐渐压缩，其压力随之升高。当泵腔与排气孔相通时，空气从排气孔排出。在真空泵的工作过程中，滑块始终将泵腔分成 4 个部分，转子每转一周，就有 4 次进气和排气过程。真空泵的结构如图 3-3-1 所示。

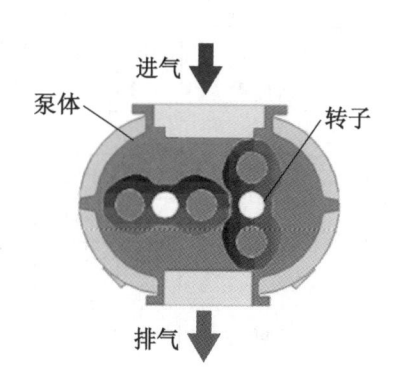

图 3-3-1 真空泵的结构

工作页

任务：电动真空泵的检修

任务内容：
1. 正确拆装电动真空泵。
2. 检测电动真空泵的电路。

基本要求：
1. 能掌握电动真空泵的更换方法。
2. 能掌握电动真空泵的电路检测方法。
3. 能对电动真空泵的相关数据进行分析

续表

内容	操作过程	记录与判断	
拆装电动真空泵	关闭起动开关	□ 完成	□ 未完成
	取下前盖	□ 完成	□ 未完成
	断开低压蓄电池的负极	□ 完成	□ 未完成
	拆卸前格栅	□ 完成	□ 未完成
	拆卸左前照灯	□ 完成	□ 未完成
	断开电动真空泵的插接器	□ 完成	□ 未完成
	断开电动真空泵的真空管接头	□ 完成	□ 未完成
	拆下电动真空泵	□ 完成	□ 未完成
	安装电动真空泵	□ 完成	□ 未完成
测量与电动真空泵相关的熔断器	（1）测量19号熔断器输入端对地电压为_____V	□ 正常	□ 损坏
	（2）测量19号熔断器输出端对地电压为_____V	□ 正常	□ 损坏
	（3）测量19号熔断器的电阻为_____Ω	□ 正常	□ 损坏
用故障诊断仪读取数据流	注意： （1）正确选择车型。 （2）正确选择系统读取数据流		
	（1）真空泵工作模式频率：_____Hz	□ 正常	□ 异常
	（2）真空泵警告指示	□ 正常	□ 故障
	（3）制动过程指示	□ 正常	□ 异常
	（4）制动踏板信号	□ 有效	□ 无效
课后反思	请谈谈你在本次学习中收获了什么？（可以写出优点和不足）		

评价	评分项目	评分内容	配分	自评分	教师评分
	完成情况	是否在规定时间内按要求完成任务	20		
	操作工艺	操作步骤是否正确、规范	40		
	安全操作	是否文明操作，是否符合安全要求	20		
	7S情况	是否符合整理、整顿、清扫、清洁、素养、安全和节约要求	10		
	工匠精神	是否细致认真地完成操作，是否有违反职业行为规范的情况	10		

子任务2　电子驻车制动的检修

学习内容

以宝骏 E100 汽车为例，学习电子驻车制动的检修方法。

教学用具

实训车辆（宝骏 E100 汽车）、新能源汽车专用工具、车内防护套（地板垫、座椅套、转向盘套、变速杆套）与车外防护套（前格栅布、翼子板布）、故障诊断仪、车轮挡块等。

学习目标

1. 能简单描述电子驻车制动系统的工作原理。
2. 能根据操作步骤在实训车辆上规范完成电子驻车制动系统的检修工作。
3. 通过实训培养学生的动手操作能力，并助其养成耐心谨慎、一丝不苟、团结协作的职业素养。

学习建议

1. 先由教师示范正确操作，再由学生根据示范内容及作业单流程按步骤完成操作，可采用"一看，二做，三评价"的模式进行小组轮换。
2. 建议授课 3 课时。

诊断思路

客户向 4S 店反映自己所驾驶的汽车出现驻车制动问题。在接到故障车辆后，维修技师针对该问题进行检修，其流程参照第二篇任务三中的子任务 3。

实践操作

（一）准备
将车辆安全停放在专用工位上，放置车轮挡块，安装车内三件套（转向盘套、座椅套、脚垫）
（二）常规检查

内容	作业	参考图片
启动驻车制动	打开电子驻车开关	

续表

内容	作业	参考图片
检查低压蓄电池	检查低压蓄电池正、负极柱的导线是否连接可靠	

（三）故障现象确认

内容	作业	参考图片
查看故障显示	中控显示屏上出现电子驻车故障码，说明驻车制动无法解除，车辆不能正常行驶	
	中控显示屏上无电子驻车故障码，说明车辆可正常行驶	

（四）读取相关故障码

内容	作业	参考图片
连接故障诊断仪	正确连接故障诊断仪并开机	

续表

内容	作业	参考图片
选择系统	选择对应车型后，选择"系统选择"选项读取故障码（实际操作时，以实际显示内容为准，下文同理）	
读取故障码	故障码显示 U1D0087	

（五）电子驻车制动系统（EPB）的电路检测

内容	作业	参考图片
查找相关熔断器	从机舱保险装置中查找与 EPB 有关的熔断器： | 编号	名称	额定电流	说明
---	---	---	---
9	JF3D	30A	EPB 供电 | 注意：该保险装置安装在副架仪表台下方	
	找出 9 号熔断器（F9）。 说明：此处只以 F9 为例介绍电路检测方法，其余熔断器不再赘述	

续表

内容	作业	参考图片
电路检测	在通信系统正常的情况下，用万用表的电压挡测量①（右图）与搭铁的电压，应为12V。如果所测电压为零，说明蓄电池到 F9 输入端之间的电路出现故障	
	在通信系统正常的情况下，用万用表的电压挡测量②（右图）与搭铁的电压，若为12V，说明正常；若为零，说明 F9 存在断路故障	
	在通信系统正常的情况下，用万用表的电压挡测量③、④（右图）与搭铁的电压，若为12V，说明正常；若为零，说明 F9 输出端到驻车制动控制模块之间的电路出现故障	①　F9　②　③　驻车制动控制模块　④　⑤
	在通信系统正常的情况下，用万用表的电压挡测量⑤（右图）与蓄电池正极的电压，若为12V，说明正常；若为零，说明搭铁到驻车制动控制模块之间的电路出现故障	
	在通信系统正常的情况下，用万用表的电压挡测量③、④（右图）的电压，结果显示驻车制动控制模块正极供电正常，接着测量⑤的电压，结果显示驻车制动控制模块负极正常。由此可以判定驻车制动控制模块本身存在故障，需要更换该模块	

续表

(六)更换驻车制动电动机与驻车制动控制模块		
内容	作业	参考图片
安全检查与防护	将车辆安全平稳地举升至工作高度并落锁	
系统模式调整	使用故障诊断仪将电子驻车制动系统调整成维修释放"打开"的模式	
	拆卸驻车制动电动机与驻车制动控制模块的电源插头	
拆卸固定螺栓	拆卸驻车制动电动机与驻车制动控制模块的4个固定螺栓	(a) (b)

续表

内容	作业	参考图片
拆卸拉索固定夹	拆卸驻车制动电动机左、右拉索固定夹的螺栓，拆下拉索固定夹	
撬出拉索球头	拆卸驻车制动电动机左、右拉索球头	
更换与安装	拆卸驻车制动电动机与驻车制动控制模块并更换新件。这两者的安装顺序与拆卸顺序相反	

（七）验证

内容	作业	参考图片
读取关键数据流	解除驻车制动，读取关键数据流（详见右图）	

续表

内容	作业	参考图片
读取关键数据流	启动驻车制动，读取关键数据流（详见右图）	

（八）确认及恢复车辆

试车时，打开电子驻车开关，电子驻车制动功能有效

（九）7S

7S 分别是整理（Seiri）、整顿（Seiton）、清扫（Seiso）、清洁（Seiketsu）、素养（Shitsuke）、安全（Safety）、节约（Saving）。
具体要求：整理工位杂物，整顿工位物品并摆放整齐，清扫实训场地，清洁实训设施设备，培养精益求精的职业素养，合理利用实训资源，节约成本、减少浪费

知识链接

电子驻车制动系统（EPB）由电子驻车开关、驻车制动电动机和驻车制动控制模块等组成，其中驻车制动电动机与驻车制动控制模块集成为一体。电子驻车制动系统控制示意图如图 3-3-2 所示，电子驻车开关如图 3-3-3 所示，驻车制动电动机与驻车制动控制模块如图 3-3-4 所示。

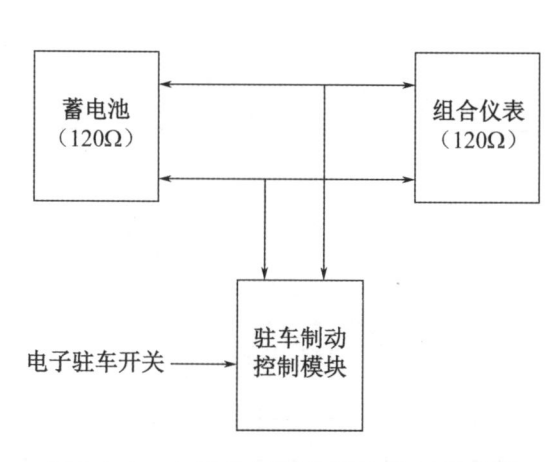

图 3-3-2　电子驻车制动系统控制示意图

图 3-3-3　电子驻车开关

图 3-3-4 驻车制动电动机与驻车制动控制模块

工作页

任务：电子驻车制动系统的检修

任务内容：
1. 读取电子驻车制动系统的故障码与数据流。
2. 检测与电子驻车制动系统有关的熔断器。

基本要求：
1. 能独立且正确地读取电子驻车制动系统的故障码。
2. 能独立且正确地读取电子驻车制动系统的数据流。
3. 能对与电子驻车制动系统有关的熔断器进行检测

内容	操作过程	记录与判断	
整体检查	检查车辆是否停稳	□ 是	□ 否
	环车检查是否装好车轮挡块	□ 是	□ 否
	检查故障指示灯是否正常	□ 正常	□ 异常
	检查电子驻车开关指示灯是否正常点亮	□ 是	□ 否
	打开电子驻车开关，向前或向后推动车辆，检查车辆是否移动	□ 是	□ 否
	打开或关闭电子驻车开关，判断能否听到驻车制动电动机正常工作的声音	□ 能听到	□ 未听到
读取电子驻车制动系统（EPB）的故障码与数据流	注意： （1）正确选择车型。 （2）正确选择系统读取故障码。 （3）正确选择系统读取数据流		
	1. 故障诊断仪显示的故障码：_____。		
	2. 解除驻车制动后的数据流		
	（1）EPB 电池电压：_____V		
	（2）EPB 请求	□ 拉起	□ 释放
	（3）EPB 阶段	□ 完成	□ 未完成
	（4）EPB 模拟值：_____V		
	（5）EPB 状态	□ 制动完成	□ 正在释放
	（6）EPB 斜率：_____%		
	（7）EPB 制动开关	□ 未激活	□ 已激活
	（8）EPB 制动踏板状态	□ 未激活	□ 已激活
	3. 启动驻车制动后的数据流		
	（1）EPB 电池电压：_____V		
	（2）EPB 请求	□ 拉起	□ 释放

续表

内容	操作过程	记录与判断	
读取电子驻车制动系统（EPB）的故障码与数据流	（3）EPB 阶段	□ 完成	□ 未完成
	（4）EPB 模拟值：＿＿＿＿＿＿V		
	（5）EPB 状态	□ 制动完成	□ 正在释放
	（6）EPB 斜率：＿＿＿＿＿＿%		
	（7）EPB 制动开关	□ 未激活	□ 已激活
	（8）EPB 制动踏板状态	□ 未激活	□ 已激活
检测与电子驻车制动系统相关的熔断器	（1）测量 9 号熔断器输入端对地电压为＿＿＿＿V	□ 正常	□ 损坏
	（2）测量 9 号熔断器输出端对地电压为＿＿＿＿V	□ 正常	□ 损坏
	（3）测量 30 号熔断器输入端对地电压为＿＿＿＿V	□ 正常	□ 损坏
	（4）测量 30 号熔断器输出端对地电压为＿＿＿＿V	□ 正常	□ 损坏
	（5）测量 33 号熔断器输入端对地电压为＿＿＿＿V	□ 正常	□ 损坏
	（6）测量 33 号熔断器输出端对地电压为＿＿＿＿V	□ 正常	□ 损坏
课后反思	请谈谈你在本次学习中收获了什么？（可以写出优点和不足）		

评价	评分项目	评分内容	配分	自评分	教师评分
	完成情况	是否在规定时间内按要求完成任务	20		
	操作工艺	操作步骤是否正确、规范	40		
	安全操作	是否文明操作，是否符合安全要求	20		
	7S 情况	是否符合整理、整顿、清扫、清洁、素养、安全和节约要求	10		
	工匠精神	是否细致认真地完成操作，是否有违反职业行为规范的情况	10		

子任务3　防抱死制动系统的检修

学习内容

以宝骏 E100 汽车为例，学习防抱死制动系统（ABS）的检修方法。

教学用具

实训车辆（宝骏 E100 汽车）、新能源汽车专用工具、车内防护套（地板垫、座椅套、转向盘套、变速杆套）与车外防护套（前格栅布、翼子板布）、故障诊断仪、车轮挡块等。

学习目标

1. 能简单描述防抱死制动系统的工作原理。
2. 能根据操作步骤在实训车辆上规范完成防抱死制动系统的检修任务。
3. 通过实训培养学生的动手操作能力,并助其养成耐心谨慎、一丝不苟、团结协作的职业素养。

学习建议

1. 先由教师示范正确操作,再由学生根据示范内容及作业单流程按步骤完成操作,可采用"一看,二做,三评价"的模式进行小组轮换。
2. 建议授课2课时。

诊断思路

客户向4S店反映自己所驾驶汽车的ABS出现问题。在接到故障车辆后,维修技师针对ABS进行检修,其流程参照第二篇任务三中的子任务4。

实践操作

(一)准备		
安全停放车辆,安装车内防护套(地板垫、座椅套、转向盘套、变速杆套)与车外防护套(前格栅布、翼子板布)		
(二)常规检查		
内容	作业	参考图片
驻车检查	打开电子驻车开关	
	检查制动液的液位情况	

续表

内容	作业	参考图片
ABS 总泵检查	检查 ABS 总泵的外观及其插接器的情况	(a) (b)
ABS 分泵检查	检查 ABS 分泵的外观	
检查低压蓄电池	检查低压蓄电池正、负极柱的导线是否连接可靠	

(三)故障现象确认

内容	作业	参考图片
查看故障指示	中控显示屏上出现防抱死制动系统的故障码,说明该系统存在故障	

续表

内容	作业	参考图片
查看故障指示	中控显示屏上无防抱死制动系统的故障码，说明该系统无异常	

（四）读取故障码与数据流

内容	作业	参考图片
连接故障诊断仪	正确连接故障诊断仪并开机	
选择系统	选择对应车型后，选择"系统选择"读取故障码和数据流	
读取故障码	确认故障码： | 故障码	含义
---	---
C003B00	右后轮速传感器信号接地/开路
C13F500	胎压监测系统输入信号错误		

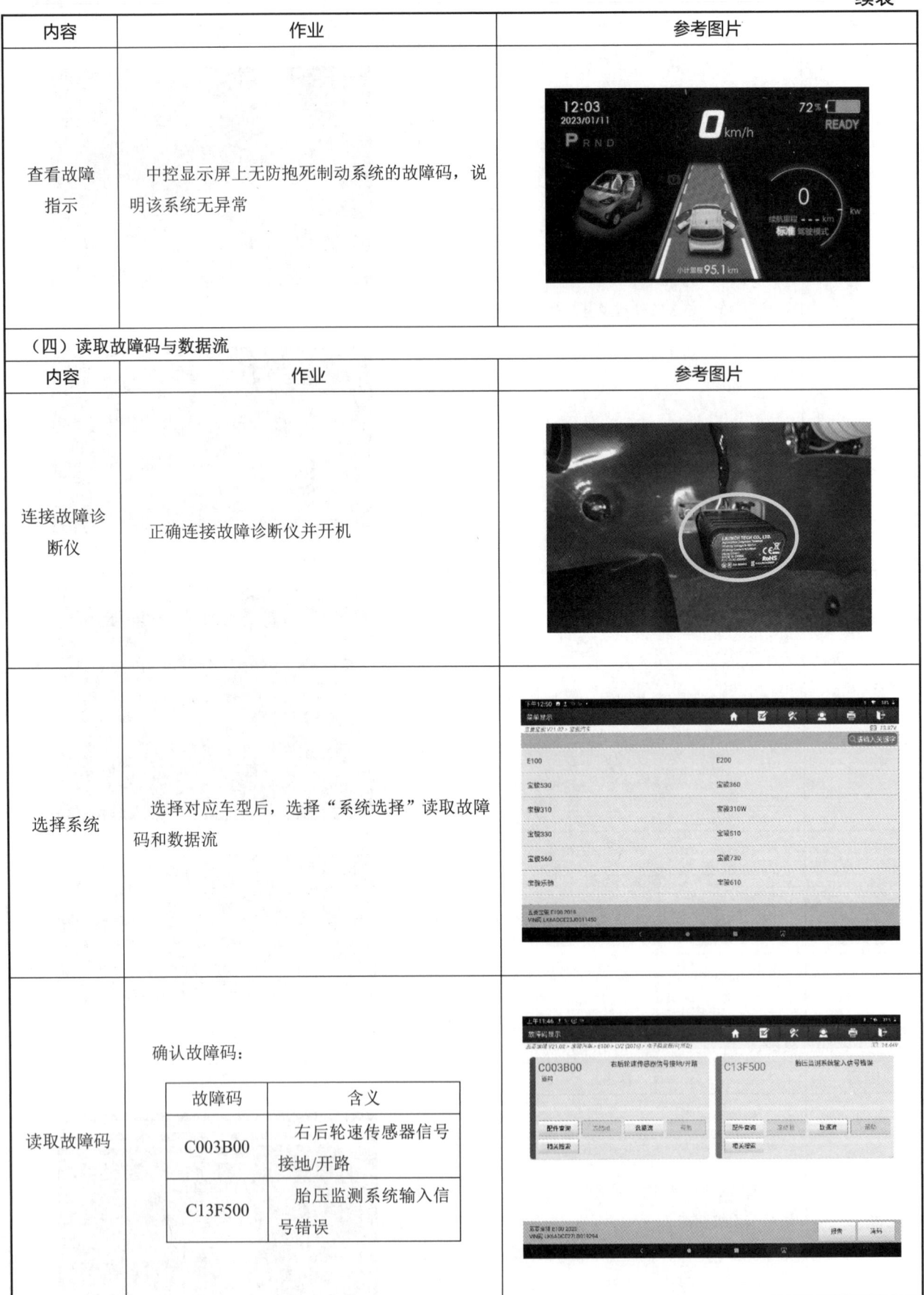

170

续表

内容	作业	参考图片
读取数据流	确认异常数据流： 	数据流名称	值	单位
前左侧轮速	0	km/h
前右侧轮速	0	km/h
后左侧轮速	0	km/h
后右侧轮速	1855.43	km/h		

（五）防抱死制动系统（ABS）的电路检测

内容	作业	参考图片
查找故障对应的熔断器	从机舱保险装置中查找与 ABS 有关的熔断器： | 编号	名称	额定电流	说明
---	---	---	---
1	F216D	30A	ABS/ESC 供电 | 注意：该保险装置安装在副架仪表台下方 找出 1 号熔断器（F1）	
检测相关传感器	找到后右侧轮速传感器 测量后右侧轮速传感器的电源电压，若为 12V，则表示正常；若不为 12V，则表示异常，应做进一步处理	

续表

内容	作业	参考图片
更换异常部件	更换有问题的后右侧轮速传感器	

（六）验证

内容	作业	参考图片
读取数据流	正常数据流： 	数据流名称	值	单位
前左侧轮速	15.12	km/h
前右侧轮速	15.29	km/h
后左侧轮速	15.4	km/h
后右侧轮速	15.46	km/h		

（七）确认及恢复车辆

试车时，在车速达到50km/h时实施紧急制动，防抱死制动系统正常工作

（八）7S

7S分别是整理（Seiri）、整顿（Seiton）、清扫（Seiso）、清洁（Seiketsu）、素养（Shitsuke）、安全（Safety）、节约（Saving）。

具体要求：整理工位杂物，整顿工位物品并摆放整齐，清扫实训场地，清洁实训设施设备，培养精益求精的职业素养，合理利用实训资源，节约成本、减少浪费

知识链接

防抱死制动系统（Antilock Braking System，ABS）采用电子控制方式防止车轮在车辆紧急制动时发生抱死，它在车辆制动过程中，通过对车轮的运动状态进行迅速、准确且有效的控制，充分发挥轮胎和地面间的潜在附着能力，提高汽车的制动减速度，缩短制动距离，从而保证汽车的方向稳定性，达到汽车对制动的要求。

ABS是机电一体化的控制系统，它主要由轮速传感器、ABS总泵（见图3-3-5）、ABS分泵、真空助力器（见图3-3-6）及真空罐等组成。

在制动时，ABS根据每个轮速传感器发送的速度信号，迅速判断车轮是否趋于抱死状态，若有车轮出现抱死倾向，则切断其所对应的常开输入电磁阀，保持制动力不变，如果车轮继续抱死，则接通常闭输出电磁阀，该车轮的制动压力将因直通储液罐而迅速下降，从而避免制动力过大导致车轮完全抱死。ABS可使汽车的制动状态始终处于最佳点（滑移率S为20%）

附近，以使制动效果达到最佳，保证行车安全。

图 3-3-5　ABS 总泵　　　　　　　　　　图 3-3-6　真空助力器

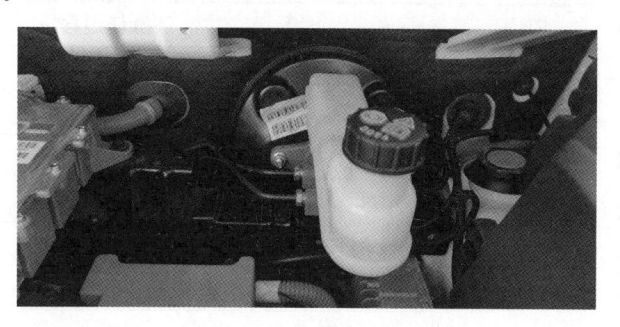

汽车减速后，一旦 ABS 控制单元检测到车轮抱死状态消失，将切断主控制阀，使汽车转入普通制动状态。如果蓄压器的压力下降至安全极限以下，红色制动警告灯和琥珀色 ABS 警告灯将被点亮。在这种情况下，驾驶人须用较大的力深踩制动踏板，才能对车轮进行有效制动。

工作页

任务：防抱死制动系统的检修

任务内容：
1. 读取防抱死制动系统（ABS）的故障码与数据流。
2. 检测与 ABS 有关的熔断器。

基本要求：
1. 能独立且正确地读取 ABS 的故障码。
2. 能独立且正确地读取 ABS 的数据流。
3. 能对与 ABS 有关的熔断器进行检测

内容	操作过程	记录与判断	
整体检查	检查车辆是否停稳	□ 是	□ 否
	环车检查是否装好车轮挡块	□ 是	□ 否
	检查驻车制动是否完全解除	□ 是	□ 否
	检查 ABS 总泵是否漏油	□ 是	□ 否
	检查 ABS 总泵是否损坏	□ 是	□ 否
	检查蓄电池电压是否正常	□ 正常	□ 异常
	检查 ABS 警告灯是否点亮	□ 点亮	□ 未点亮
读取 ABS 的故障码与数据流	注意： （1）正确选择车型。 （2）正确选择系统读取故障码。 （3）正确选择系统读取数据流		
	1. 故障诊断仪显示的故障码：_____		
	2. 驻车制动状态下的 ABS 数据流		
	ABS 指示	□ 正常	□ 故障
	制动过程指示	□ 正常	□ 故障
	ABS 激活	□ 激活	□ 不工作

续表

内容	操作过程	记录与判断	
读取 ABS 的故障码与数据流	制动踏板信号	□ 有效	□ 不工作
	ABS 的有效性	□ 有效	□ 不工作
	3. ABS 工作时的数据流		
	ABS 指示	□ 正常	□ 故障
	制动过程指示	□ 正常	□ 故障
	ABS 激活	□ 激活	□ 不工作
	制动踏板信号	□ 有效	□ 不工作
	ABS 的有效性	□ 有效	□ 不工作
检测与 ABS 有关的熔断器	测量 1 号熔断器输入端对地电压为_____V	□ 正常	□ 损坏
	测量 1 号熔断器输出端对地电压为_____V	□ 正常	□ 损坏
	测量 1 号熔断器的电阻为_____Ω	□ 正常	□ 损坏
课后反思	请谈谈你在本次学习中收获了什么？（可以写出优点和不足）		

评价	评分项目	评分内容	配分	自评分	教师评分
	完成情况	是否在规定时间内按要求完成任务	20		
	操作工艺	操作步骤是否正确、规范	40		
	安全操作	是否文明操作，是否符合安全要求	20		
	7S 情况	是否符合整理、整顿、清扫、清洁、素养、安全和节约要求	10		
	工匠精神	是否细致认真地完成操作，是否有违反职业行为规范的情况	10		

子任务4　车身电子稳定程序的检修

学习内容

以宝骏 E100 汽车为例，学习车身电子稳定程序（ESP）的检修方法。

教学用具

实训车辆（宝骏 E100 汽车）、新能源汽车专用工具、车内防护套（地板垫、座椅套、转向盘套、变速杆套）与车外防护套（前格栅布、翼子板布）、车轮挡块等。

学习目标

1. 能简单描述车身电子稳定程序的工作原理。

2. 能根据操作步骤在实训车辆上规范完成车身电子稳定程序的检修任务。

3. 通过实训培养学生的动手操作能力，并助其养成耐心谨慎、一丝不苟、团结协作的职业素养。

学习建议

1. 先由教师示范正确操作，再由学生根据示范内容及作业单流程按步骤完成操作，可采用"一看，二做，三评价"的模式进行小组轮换。

2. 建议授课4课时。

诊断思路

客户向4S店反映自己所驾驶汽车的ESP出现问题。在接到故障车辆后，维修技师针对ESP进行检修，其流程参照第二篇任务三中的子任务4。

实践操作

（一）准备
将车辆安全停放在专用工位上，放置车轮挡块，安装车内防护套（地板垫、座椅套、转向盘套、变速杆套）与车外防护套（前格栅布、翼子板布）

（二）直观检查

内容	作业	参考图片
启动驻车制动	打开电子驻车开关	
整体检查	检查制动液有无渗漏、制动液液位是否正常	

续表

内容	作业	参考图片
整体检查	检查低压蓄电池的电压是否在规定范围内及其正、负极柱的导线是否连接可靠	

(三) 故障现象确认

内容	作业	参考图片
观察故障现象	观察中控显示屏上的车身电子稳定程序（ESP）警告灯是否点亮，若其亮起，说明有故障存在。 说明：打开起动开关时，ESP警告灯应闪烁；在上高压电的瞬间，ESP警告灯应亮起；上高压电后，ESP警告灯应熄灭；在汽车行驶过程中，ESP警告灯不闪烁，说明其工作正常，否则说明ESP有故障，需要查询专业维修手册进一步排除故障。	

(四) 读取故障码和数据流

内容	作业	参考图片
读取故障码	连接故障诊断仪，选择对应车型后，读取故障码。可选择"快速测试"或"系统选择"	
	分析显示的故障码（参见右图）	

续表

内容	作业	参考图片
读取数据流	选择"整车控制器"(VCU),读取 ESP 的数据流。 右图所示为正常的数据流。若 ESP 工作时,故障诊断仪显示的数据流与正常数据流不一致,则应进一步查询 ESP 控制系统的电路图,并根据电路图进一步排除故障	

(五)检测与 ESP 有关的熔断器

内容	作业	参考图片
测量 ESP 相关熔断器	用万用表的电压挡分别测量 1 号熔断器(F1)输入端与输出端的对地电压,并测量 F1 的电阻	
	用万用表的电压挡分别测量 10 号熔断器(F10)输入端与输出端的对地电压,并测量 F10 的电阻	
	用万用表的电压挡分别测量 33 号熔断器(F33)输入端与输出端的对地电压,并测量 F33 的电阻	

续表

（六）排除故障
更换故障件或处理相应故障部位
（七）确认及恢复车辆
试车时，在车速达到 50km/h 时实施紧急制动，ESP 应有效
（八）7S
7S 分别是整理（Seiri）、整顿（Seiton）、清扫（Seiso）、清洁（Seiketsu）、素养（Shitsuke）、安全（Safety）、节约（Saving）。具体要求：整理工位杂物，整顿工位物品并摆放整齐，清扫实训场地，清洁实训设施设备，培养精益求精的职业素养，合理利用实训资源，节约成本、减少浪费

知识链接

车身电子稳定程序（Electronic Stability Program，ESP）是由德国博世公司和戴姆勒公司共同开发的一种基于制动系统的电子控制系统。它包含前文提及的 ABS 和驱动防滑系统（ASR），并对这两种系统的功能进行延伸和拓展，从而可以更有效地提高车辆的操控性和安全性。

ESP 虽然能提高车身的稳定性和车辆的驾乘体验，但在其开启时无法完成车辆的漂移动作。ESP 的工作需要许多传感器（如转向传感器、轮速传感器、侧滑传感器、横向加速度传感器等）采集的数据，并须通过无数实验调试才能成为民用产品。装用 ESP 的车辆漂移模拟图如图 3-3-7 所示。

图 3-3-7　装用 ESP 的车辆漂移模拟图

工作页

任务：车身电子稳定程序的检修

任务内容：

1. 读取车身电子稳定程序（ESP）的故障码与数据流。
2. 检测与 ESP 有关的熔断器。

基本要求：

1. 能独立且正确地读取 ESP 的故障码。
2. 能独立且正确地读取 ESP 的数据流。
3. 能对与 ESP 有关的熔断器进行检测。

续表

内容	操作过程	记录与判断	
整体检查	检查车辆是否停稳	□ 是	□ 否
	环车检查是否装好车轮挡块	□ 是	□ 否
	检查驻车制动是否完全释放	□ 是	□ 否
	检查蓄电池电压是否正常	□ 正常	□ 异常
	检查ESP警告灯是否点亮	□ 点亮	□ 未点亮
读取ESP的故障码与数据流	注意： （1）正确选择车型。 （2）正确选择系统读取故障码。 （3）正确选择系统读取数据流 1. 故障诊断仪显示的故障码：_____ 2. ESP的数据流		
	VSC关闭指示	□ 正常	□ 故障
	VSC激活	□ 不工作	□ 不支持
	车辆稳定性增强系统	□ 不工作	□ 不支持
测量ESP相关熔断器	（1）测量1号熔断器输入端对地电压为_____V	□ 正常	□ 损坏
	（2）测量1号熔断器输出端对地电压为_____V	□ 正常	□ 损坏
	（3）测量1号熔断器的电阻为_____Ω	□ 正常	□ 损坏
	（4）测量10号熔断器输入端对地电压为_____V	□ 正常	□ 损坏
	（5）测量10号熔断器输出端对地电压为_____V	□ 正常	□ 损坏
	（6）测量10号熔断器的电阻为_____Ω	□ 正常	□ 损坏
	（7）测量33号熔断器输入端对地电压为_____V	□ 正常	□ 损坏
	（8）测量33号熔断器输出端对地电压为_____V	□ 正常	□ 损坏
	（9）测量33号熔断器的电阻为_____Ω	□ 正常	□ 损坏
课后反思	请谈谈你在本次学习中收获了什么？（可以写出优点和不足）		

	评分项目	评分内容	配分	自评分	教师评分
评价	完成情况	是否在规定时间内按要求完成任务	20		
	操作工艺	操作步骤是否正确、规范	40		
	安全操作	是否文明操作，是否符合安全要求	20		
	7S情况	是否符合整理、整顿、清扫、清洁、素养、安全和节约要求	10		
	工匠精神	是否细致认真地完成操作，是否有违反职业行为规范的情况	10		

子任务5 盘式制动器的检修

学习内容

以宝骏 E100 汽车为例,学习盘式制动器的检修方法。

教学用具

实训车辆(宝骏 E100 汽车)、新能源汽车专用工具、故障诊断仪、车内防护套(地板垫、座椅套、转向盘套、变速杆套)与车外防护套(前格栅布、翼子板布)等。

学习目标

1. 能简单描述盘式制动器的组成与类型。
2. 能根据操作步骤在实训车辆上规范完成制动器的检修任务。
3. 通过实训培养学生的动手操作能力,并助其养成耐心谨慎、一丝不苟、团结协作的职业素养。

学习建议

1. 先由教师示范正确操作,再由学生根据示范内容及作业单流程按步骤完成操作,可采用"一看,二做,三评价"的模式进行小组轮换。
2. 建议授课 2 课时。

诊断思路

客户向 4S 店反映自己驾驶的汽车在踩下制动踏板后出现异响,制动距离也变长。在接到故障车辆后,维修技师针对上述问题进行检修,其流程参照第二篇任务三中的子任务5。

实践操作

(一)准备
安装车内外防护套及车轮挡块
(二)故障现象确认
试车时,当驾驶人踩下制动踏板后,车辆制动效果不佳(或制动时车轮发出"吱吱"的异响),制动距离变长(感觉制动不足)

续表

（三）盘式制动器检修		
内容	作业	参考图片
安全检查与防护	将车辆安全平稳地举升至工作高度并落锁	
拆卸车轮	标记轮胎装饰罩与气嘴口对应位置	
	拆卸轮胎装饰罩，将其光面朝上放置	
	预松轮胎螺母	

续表

内容	作业	参考图片
拆卸车轮	对车辆进行安全复查	
	拆卸轮胎螺母后,拆卸车轮	
目视检查	目视检查制动钳总成及其支架,应无松动、损坏	
拆卸制动钳总成	拆卸制动钳总成支架固定螺栓。 注意:只需拆卸其下方螺栓。 以制动钳总成支架上方螺栓为支点,向上转动制动钳总成支架。 将该支架用S钩固定。 注意:在转动制动钳总成支架时,应尽量避免制动管路弯折受损,不可将S钩固定在制动管路上	

续表

内容	作业	参考图片
拆卸制动片	从制动钳总成支架上取下制动片后，取出制动片卡簧	
	将拆下的制动片摆放整齐。 注意：可用记号笔标识制动片内外方向，应有序摆放制动片。 若有消声片，则需拆下消声片（无消声片车型可跳过此步），并记下其安装方向。 目视检查制动片表面有无变形断裂及严重的不均匀磨损	（a）制动片 （b）消声片
检测制动片	测量制动片的厚度，应不小于 3mm。若低于该值，则需更换制动片	

（四）排除故障

更换故障件或处理相应故障部位

（五）安装制动器

按照与拆卸相反的顺序安装制动器，并按规定力矩紧固各紧固件。

注意：安装完成后，应先在原地踩制动踏板初试制动情况，之后再路试

续表

（六）确认及恢复车辆
试车时，当踩下制动踏板时，车辆能够迅速停止
（七）7S
7S 分别是整理（Seiri）、整顿（Seiton）、清扫（Seiso）、清洁（Seiketsu）、素养（Shitsuke）、安全（Safety）、节约（Saving）。具体要求：整理工位杂物，整顿工位物品并摆放整齐，清扫实训场地，清洁实训设施设备，培养精益求精的职业素养，合理利用实训资源，节约成本、减少浪费

工作页

任务：更换盘式制动器的制动片

任务内容：

1. 盘式制动器拆装。
2. 盘式制动器检查。

基本要求：

1. 能独立且正确完成盘式制动器拆装。
2. 能对制动片进行检测与更换

内容	操作过程	记录与判断
整体检查	检查制动钳总成及其支架有无松动、损坏	□ 松动　□ 损坏　□ 无
	检查制动钳排气螺栓有无松动	□ 松动　　　　　□ 无
	检查制动盘表面有无划痕、污物	□ 划痕　□ 污物　□ 无
	检查制动片表面有无划痕、污物	□ 划痕　□ 污物　□ 无
	检查制动器有无漏油现象	□ 漏油　　　　　□ 无
拆卸制动钳总成及制动片	注意： （1）安装顺序与拆卸顺序相反。 （2）不需要拆卸制动钳总成支架上方螺栓。 （3）不要将制动钳总成挂在制动管路上，这样易造成制动管路变形	
	拆卸制动钳总成支架固定螺栓	□ 完成　　□ 未完成
	使用 S 钩将制动钳活塞壳体挂在悬架上	□ 完成　　□ 未完成
	拆卸制动片	□ 完成　　□ 未完成
	目视检查制动片	□ 完成　　□ 未完成
制动片检测	在下图中圈出测量制动片厚度的 6 处位置： 	计算制动片厚度 测量值： 标准值： 极限值： □ 能继续使用　　□ 更换新制动片

续表

课后反思	请谈谈你在本次学习中收获了什么？（可以写出优点和不足）				
评价	评分项目	评分内容	配分	自评分	教师评分
	完成情况	是否在规定时间内按要求完成任务	20		
	操作工艺	操作步骤是否正确、规范	40		
	安全操作	是否文明操作，是否符合安全要求	20		
	7S情况	是否符合整理、整顿、清扫、清洁、素养、安全和节约要求	10		
	工匠精神	是否细致认真地完成操作，是否有违反职业行为规范的情况	10		

任务四　行驶系统检修

汽车的轮胎属于易损件，使用一段时间后会发生磨损，需要更换，如果保养不当，还容易造成较大的安全隐患。2019年，我国开始强制要求汽车制造商安装轮胎压力检测系统。

请大家进行换位思考，假设自己是维修企业的老板，在面对是让客户更换价格高但获利较少的正规产品，还是更换价格不高但有可观利润的翻新轮胎这个问题时，应如何选择？

扫一扫获取学习资源

子任务1　无法挂挡故障的检修

学习内容

以宝骏E100汽车为例，学习无法挂挡故障的检修方法。

教学用具

实训车辆（宝骏E100汽车）、新能源汽车专用工具、故障诊断仪、万用表、手套、手电筒、车轮挡块等。

学习目标

1. 理解纯电动汽车行驶系统的工作原理，认识换挡控制电路。
2. 了解无法挂挡故障的诊断及排除方法。
3. 能够运用故障诊断仪、万用表准确判断故障点。

学习建议

1. 先由教师示范正确操作，再由学生根据示范内容及作业单流程按步骤完成操作，可采用"一看，二做，三评价"的模式进行小组轮换。
2. 建议授课2课时。

诊断思路

客户向4S店反映自己驾驶的汽车出现无法挂挡的问题。在接到故障车辆后，维修技师针对该问题进行检修，其流程参照第二篇任务四中的子任务2。

实践操作

(一) 准备
将车辆安全停放至维修工位，放置车轮挡块，安装车内防护套（地板垫、座椅套、转向盘套、变速杆套）与车外防护套（前格栅布、翼子板布）

(二) 故障现象确认
试车时，车辆无法正常挂挡

(三) 故障诊断				
内容		作业		参考图片
目视检查		检查车辆是否进入"READY"模式		
		这里以低配车型为例，松开驻车制动手柄，确定驻车制动已解除。 若为高配车型，可直接关闭电子驻车开关		
挡位检查及数据流查看		连接故障诊断仪，踩下制动踏板后，读取相关数据流		
		上高压电后，车辆默认为P挡，检查数据流与中控显示屏显示的内容是否一致，并查看制动数据是否正常		

续表

内容	作业	参考图片
挡位检查及数据流查看	观察对应的挡位提示灯是否点亮	
	挂入 R 挡，检查数据流与中控显示屏显示的内容是否一致，并观察对应的挡位提示灯是否点亮	
	挂入 N 挡，检查数据流与中控显示屏显示的内容是否一致，并观察对应的挡位提示灯是否点亮	
	挂入 D 挡，检查数据流与中控显示屏显示的内容是否一致，并观察对应的挡位提示灯是否点亮	
挡位控制器检测	挡位控制器安装在挡位开关内，需要先拆下挡位扶手	

续表

内容	作业	参考图片
挡位控制器检测	测量挡位控制器 1~6 号线的电压值。若测量结果与相关标准要求一致,则可进行下一步操作,否则应查阅专业维修手册中的相关电路图进行电路检查	
	测量挡位控制器 7~12 号线的电压值。若测量结果与相关标准要求一致,则可进行下一步操作,否则应查阅专业维修手册中的相关电路图进行电路检查	
	插入挡位开关插头,在通过挡位开关挂入对应挡位后,测量 1、2、3、4、7、8 号线的电压值,若测量结果与右表所示数值一致,则可进行下一步操作,否则应查阅专业维修手册中的相关电路图进行电路检查	单位:V 见下表

挡位	1 号线	2 号线	3 号线	4 号线	7 号线	8 号线
P	0	0	0	12.9	12.4	12.4
R	0	0	12.9	0	0	12.4
N	0	12.9	0	0	0	0
D	12.9	0	0	0	12.4	0

(四)排除故障

对与车辆换挡有关的异常部件进行更换

(五)确认及恢复车辆

试车时,汽车挡位切换恢复正常

(六)7S

7S 分别是整理(Seiri)、整顿(Seiton)、清扫(Seiso)、清洁(Seiketsu)、素养(Shitsuke)、安全(Safety)、节约(Saving)。
具体要求:整理工位杂物,整顿工位物品并摆放整齐,清扫实训场地,清洁实训设施设备,培养精益求精的职业素养,合理利用实训资源,节约成本、减少浪费

知识链接

起动车辆进入"READY"模式后,沿顺时针方向旋转挡位开关,挡位开关依次向整车控制器(VCU)输送高电位信号,VCU 综合判定车辆所处挡位;车辆未进入"READY"模式时,VCU 将 18#、57#电位钳制在高电位(钳制 P 挡),即使挡位开关在 R 挡、N 挡、D 挡产生高电位信号,也无法认定为当前挡位。宝骏 E100 汽车的换挡控制电路如图 3-4-1 所示。

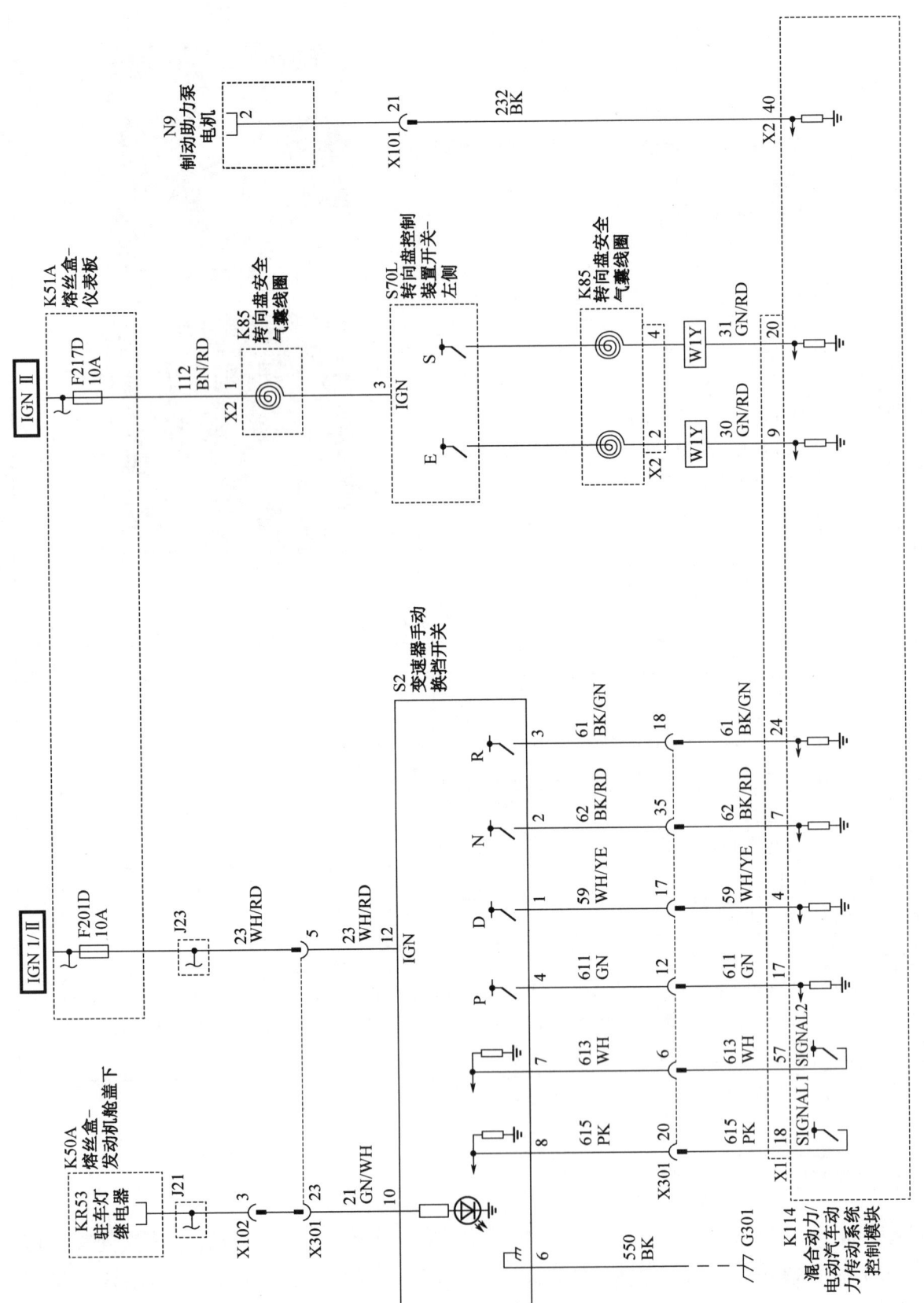

图 3-4-1 宝骏 E100 汽车的换挡控制电路
（摘自汽车制造商发布的维修资料）

工作页

任务：无法挂挡故障的检修

任务内容：
1. 检查换挡工作状态。
2. 排除无法换挡故障。

基本要求：
1. 能够运用故障诊断仪查看故障现象并确定故障点。
2. 能够运用万用表准确判断故障点。
3. 能够按照诊断流程排除故障

内容	操作过程	记录与判断	
故障确认	检查车辆能否进入"READY"模式	□ 正常	□ 异常
	检查驻车制动能否正常解除	□ 正常	□ 异常
	踩下制动踏板后，检查制动灯是否点亮	□ 正常	□ 异常
	上高压电后，检查车辆是否默认为P挡、对应的挡位提示灯是否点亮	□ 正常	□ 异常
	挂入R挡，检查中控显示屏是否显示当前挡位处于R挡、对应的挡位提示灯是否点亮	□ 正常	□ 异常
	挂入N挡，检查中控显示屏是否显示当前挡位处于N挡、对应的挡位提示灯是否点亮	□ 正常	□ 异常
	挂入D挡，检查中控显示屏是否显示当前挡位处于D挡、对应的挡位提示灯是否点亮	□ 正常	□ 异常
读取数据流	连接故障诊断仪后，依次选择宝骏汽车—E100—LV2—系统选择—整车控制器—数据流读取	□ 完成	□ 未完成
	踩下制动踏板后，查看制动信号是否有效	□ 有效	□ 无效
	挂入R挡，查看R挡是否有效	□ 有效	□ 无效
	挂入N挡，查看N挡是否有效	□ 有效	□ 无效
	挂入D挡，查看D挡是否有效	□ 有效	□ 无效
挡位开关检测	拆下挡位扶手	□ 完成	□ 未完成
	测量1～6号线的电压值并判断其是否正常	□ 正常	□ 异常
	测量7～12号线的电压值并判断其是否正常	□ 正常	□ 异常
	插入挡位开关插头，测量1、2、3、4、7、8号线的电压值并判断其是否正常	□ 正常	□ 异常
课后反思	请谈谈你在本次学习中收获了什么？（可以写出优点和不足）		

	评分项目	评分内容	配分	自评分	教师评分
评价	完成情况	是否在规定时间内按要求完成任务	20		
	操作工艺	操作步骤是否正确、规范	40		
	安全操作	是否文明操作，是否符合安全要求	20		
	7S情况	是否符合整理、整顿、清扫、清洁、素养、安全和节约要求	10		
	工匠精神	是否细致认真地完成操作，是否有违反职业行为规范的情况	10		

子任务2　车身摆动的检修

参见第二篇任务四中的子任务3进行学习,此处不再赘述。

子任务3　汽车悬架的检修

学习内容

以宝骏E100汽车为例,学习汽车悬架的检修方法。

教学用具

实训车辆(宝骏E100汽车)、新能源汽车专用工具、扭力扳手、手套、手电筒等。

学习目标

1. 能说出实训车辆前、后悬架的类型。
2. 能在实训车辆上找出悬架的组成部件,并根据专业维修手册进行检修。
3. 通过实训培养学生的动手操作能力,并助其养成耐心谨慎、一丝不苟、团结协作的职业素养。

学习建议

1. 先由教师示范正确操作,再由学生根据示范内容及作业单流程按步骤完成操作,可采用"一看,二做,三评价"的模式进行小组轮换。
2. 建议授课2课时。

实践操作

(一)准备
把车辆停至有车辆举升机的工位
(二)故障现象确认
在试车过程中,当汽车通过不平路面时,驾乘人员的舒适感下降,可明显感觉到车辆减振效果不足
(三)举升车辆
将车辆安全平稳地举升至工作高度并落锁

续表

（四）悬架检查		
内容	作业	参考图片
目视检查	检查前、后悬架的整体情况及其部件的连接情况，以及橡胶、防尘套是否损坏	
前悬架检查	用扭力扳手检查前支柱连接车身的螺栓，规格为（25±2）N·m	
前悬架检查	用扭力扳手检查前悬架连接杆球头螺母，规格为（110±5）N·m	
前悬架检查	用扭力扳手检查前支柱连接转向节的螺母，规格为（132±8）N·m	

续表

内容	作业	参考图片
前悬架检查	用扭力扳手检查前摆臂安装螺母,规格为(132±10)N·m	
	用扭力扳手检查前摆臂球头锁紧螺栓,规格为(120±8)N·m	
	用扭力扳手检查前副车架安装螺栓,规格为(70±8)N·m	
	用扭力扳手检查横向稳定杆支架安装螺栓,规格为(28±3)N·m	

续表

内容	作业	参考图片
后悬架检查	用扭力扳手检查后减振器上方安装螺栓，规格为（110±12）N·m	
	用扭力扳手检查后副车架安装螺栓，规格为（140±10）N·m	
	用扭力扳手检查后悬架下摆臂连接车架的螺栓，规格为（70±8）N·m	
	用扭力扳手检查后减振器下方安装螺栓，规格为（140±10）N·m	

续表

（五）排除故障
紧固前、后悬架的各种螺栓、螺母，处理相应故障部位
（六）确认及恢复车辆
试车时，汽车的减振效果恢复如初
（七）7S
7S 分别是整理（Seiri）、整顿（Seiton）、清扫（Seiso）、清洁（Seiketsu）、素养（Shitsuke）、安全（Safety）、节约（Saving）。具体要求：整理工位杂物，整顿工位物品并摆放整齐，清扫实训场地，清洁实训设施设备，培养精益求精的职业素养，合理利用实训资源，节约成本、减少浪费

知识链接

汽车悬架可以分为独立悬架和非独立悬架两种。宝骏 E100 汽车的前悬架为麦弗逊式独立悬架，后悬架为单臂式独立悬架。当汽车悬架出现故障时，将影响车辆行驶及驾乘体验，甚至可能危及行车安全。宝骏 E100 汽车前、后悬架的结构分别如图 3-4-2 和图 3-4-3 所示。

图 3-4-2　宝骏 E100 汽车前悬架的结构 　　　图 3-4-3　宝骏 E100 汽车后悬架的结构

工作页

任务：汽车悬架检修
任务内容：
悬架检修。
基本要求：
1. 能独立且正确地检查悬架。
2. 能按照专业维修手册要求紧固悬架的各种螺栓、螺母

内容	操作过程	记录与判断		
目视检查	检查左前悬架的防尘套、球头、橡胶、减振器	□ 漏油	□ 损坏	□ 正常
	检查右前悬架的防尘套、球头、橡胶、减振器	□ 漏油	□ 损坏	□ 正常
	检查左后悬架的防尘套、球头、橡胶、减振器	□ 漏油	□ 损坏	□ 正常
	检查右后悬架的防尘套、球头、橡胶、减振器	□ 漏油	□ 损坏	□ 正常
	检查悬架有无异常磨损	□ 有		□ 无

续表

内容	操作过程	记录与判断	
前悬架检修	注意： （1）按标准力矩紧固螺栓和螺母。 （2）正确使用工具。 （3）戴好安全帽、手套，注意安全		
	紧固前支柱连接车身的螺栓，规格为（25±2）N·m	□ 完成	□ 未完成
	紧固前悬架连接杆球头螺母，规格为（110±5）N·m	□ 完成	□ 未完成
	紧固前支柱连接转向节的螺母，规格为（132±8）N·m	□ 完成	□ 未完成
	紧固前摆臂安装螺母，规格为（132±10）N·m	□ 完成	□ 未完成
	紧固前摆臂球头锁紧螺栓，规格为（120±8）N·m	□ 完成	□ 未完成
	紧固前副车架安装螺栓，规格为（70±8）N·m	□ 完成	□ 未完成
	紧固横向稳定杆支架安装螺栓，规格为（28±3）N·m	□ 完成	□ 未完成
后悬架检修	紧固后减振器上方安装螺栓，规格为（110±12）N·m	□ 完成	□ 未完成
	紧固后副车架安装螺栓，规格为（140±10）N·m	□ 完成	□ 未完成
	紧固后悬架下摆臂连接车架的螺栓，规格为（70±8）N·m	□ 完成	□ 未完成
	紧固后减振器下方安装螺栓，规格为（140±10）N·m	□ 完成	□ 未完成
课后反思	请谈谈你在本次学习中收获了什么？（可以写出优点和不足）		

	评分项目	评分内容	配分	自评分	教师评分
评价	完成情况	是否在规定时间内按要求完成任务	20		
	操作工艺	操作步骤是否正确、规范	40		
	安全操作	是否文明操作，是否符合安全要求	20		
	7S 情况	是否符合整理、整顿、清扫、清洁、素养、安全和节约要求	10		
	工匠精神	是否细致认真地完成操作，是否有违反职业行为规范情况	10		

子任务4　轮胎异常磨损的检修

学习内容

以宝骏 E100 汽车为例，学习轮胎异常磨损的检修方法。

教学用具

实训车辆（宝骏 E100 汽车）、卷尺、钢直尺、油漆笔、手套、手电筒、活扳手、专用扳手套装等。

学习目标

1. 能说出汽车进行四轮定位的原因与原理。
2. 能在实训车辆上找到车轮前束的调整螺栓。

3. 通过实训培养学生的动手操作能力，并助其养成耐心谨慎、一丝不苟、团结协作的职业素养。

学习建议

1. 先由教师示范正确操作，再由学生根据示范内容及作业单流程按步骤完成操作，可采用"一看，二做，三评价"的模式进行小组轮换。

2. 建议授课 2 课时。

诊断思路

客户向 4S 店反映自己驾驶的汽车出现轮胎异常磨损和转向盘自动回正失效的问题。在接到故障车辆后，维修技师针对上述问题进行检修，其流程参见第二篇任务四中的子任务 5。

实践操作

（一）准备
将车辆停放在有四轮定位仪和车辆举升机的工位
（二）故障现象确认
试车时，汽车行驶方向跑偏，轮胎出现异常磨损
（三）举升车辆
将车辆安全平稳地举升至工作高度并落锁
（四）四轮定位调整

内容	作业	参考图片
前期准备	检测所有轮胎的气压	
	检查悬架与转向系统有无磕碰、连接是否正常	

续表

内容	作业	参考图片
前轮前束测量	垂直取前轮接近面两个等高值，并做标记。 说明：虽然介绍四轮定位，但是车辆的后轮定位实际是固定的，不可调整	
	测量接近面左前轮中间沟槽与右前轮中间沟槽的距离，读取数值并记录（130cm）	
	测量离去面左前轮中间沟槽与右前轮中间沟槽的距离，读取数值并记录（129.9cm）	
	如右图所示，计算前轮总前束： 总前束=A-B=130cm-129.9cm=0.1cm=1mm 注意：当前轮总前束为 1~3mm 时，无须对其进行调整	

续表

内容	作业	参考图片
前轮前束调整	固定调整杆，拧松转向横拉杆调整固定螺栓	
	调整车轮前束值，沿顺时针方向拧，代表往内拉；沿逆时针方向拧，代表往外推。右图中的箭头方向代表顺时针	

（五）调整结束

将所有调整过的螺栓按规定力矩紧固

（六）确认及恢复车辆

试车时，汽车行驶方向恢复正常，轮胎也无异常磨胎

（七）7S

7S 分别是整理（Seiri）、整顿（Seiton）、清扫（Seiso）、清洁（Seiketsu）、素养（Shitsuke）、安全（Safety）、节约（Saving）。
具体要求：整理工位杂物，整顿工位物品并摆放整齐，清扫实训场地，清洁实训设施设备，培养精益求精的职业素养，合理利用实训资源，节约成本、减少浪费

知识链接

汽车两轮的前端距离小于后端距离，这两者之差即为车轮前束。从汽车顶部向下看，左、右两个前轮形成一个开口的"八"字形，而前轮前束就是前轮前端面与其后端面在汽车横向方向上的距离差，也可指车身前进方向与前轮平面之间的夹角，此时称为前束角。使用钢直尺测量前轮接近面与前轮离去面在同一高度上的相对距离，即可得到前轮总前束，用扳手可对其进行调整。

工作页

任务：轮胎异常磨损的检修

任务内容：

1. 检查轮胎磨损情况及汽车悬架状态。
2. 调整前轮前束。

基本要求：

1. 能正确使用钢直尺测量并标记轮胎等高位置。
2. 能正确使用卷尺测量前轮前束。
3. 能按照专业维修手册要求调整前轮前束

内容	操作过程	记录与判断	
目视检查	检查所有轮胎有无异常磨损	□ 正常	□ 异常
	检查所有轮胎的气压是否一致	□ 一致	□ 不一致
	检查汽车悬架与转向系统有无磕碰、连接是否正常	□ 正常	□ 异常
前轮前束调整	注意： （1）按标准力矩紧固螺栓。 （2）正确使用工具。 （3）戴好安全帽、手套，注意安全		
	使用钢直尺确定两前轮接近面同一高度位置	□ 完成	□ 未完成
	使用卷尺测量前轮前侧中间沟槽距离 B 并记录	$B=$ _____	
	使用卷尺测量前轮后侧中间沟槽距离 A 并记录	$A=$ _____	
	计算前轮总前束=$A-B$，判断其结果是否正常	总前束值：_____ □ 正常 □ 异常	
	调整前轮前束	□ 完成	□ 未完成
课后反思	请谈谈你在本次学习中收获了什么？（可以写出优点和不足）		

	评分项目	评分内容	配分	自评分	教师评分
评价	完成情况	是否在规定时间内按要求完成任务	20		
	操作工艺	操作步骤是否正确、规范	40		
	安全操作	是否文明操作，是否符合安全要求	20		
	7S 情况	是否符合整理、整顿、清扫、清洁、素养、安全和节约要求	10		
	工匠精神	是否细致认真地完成操作，是否有违反职业行为规范的情况	10		

反侵权盗版声明

电子工业出版社依法对本作品享有专有出版权。任何未经权利人书面许可，复制、销售或通过信息网络传播本作品的行为；歪曲、篡改、剽窃本作品的行为，均违反《中华人民共和国著作权法》，其行为人应承担相应的民事责任和行政责任，构成犯罪的，将被依法追究刑事责任。

为了维护市场秩序，保护权利人的合法权益，我社将依法查处和打击侵权盗版的单位和个人。欢迎社会各界人士积极举报侵权盗版行为，本社将奖励举报有功人员，并保证举报人的信息不被泄露。

举报电话：（010）88254396；（010）88258888

传　　真：（010）88254397

E-mail：　　dbqq@phei.com.cn

通信地址：北京市万寿路173信箱
　　　　　电子工业出版社总编办公室

邮　　编：100036